大家小书

秦汉的方士与儒生

顾颉刚 著

北京出版集团公司
北京出版社

图书在版编目（CIP）数据

秦汉的方士与儒生 / 顾颉刚著. — 北京 ：北京出版社，2016. 7（2025.1重印）
（大家小书）
ISBN 978-7-200-12085-1

Ⅰ. ①秦… Ⅱ. ①顾… Ⅲ. ①方士—研究—中国—秦汉时代②知识分子—研究—中国—秦汉时代 Ⅳ. ①B992②D691. 71

中国版本图书馆CIP数据核字（2016）第077475号

总策划：安　东　高立志　　责任编辑：严　艳

· 大家小书 ·
秦汉的方士与儒生
QIN-HAN DE FANGSHI YU RUSHENG
顾颉刚　著
*
北京出版集团公司
北京出版社　出版
（北京北三环中路6号　邮政编码：100120）
网　址：www.bph.com.cn
北京出版集团公司总发行
新华书店经销
北京华联印刷有限公司印刷
*
880毫米×1230毫米　32开本　6.875印张　110千字
2016年7月第1版　2025年1月第6次印刷

ISBN 978-7-200-12085-1
定价：49.00元
质量监督电话：010-58572393

序　言

袁行霈

“大家小书”，是一个很俏皮的名称。此所谓“大家”，包括两方面的含义：一、书的作者是大家；二、书是写给大家看的，是大家的读物。所谓“小书”者，只是就其篇幅而言，篇幅显得小一些罢了。若论学术性则不但不轻，有些倒是相当重。其实，篇幅大小也是相对的，一部书十万字，在今天的印刷条件下，似乎算小书，若在老子、孔子的时代，又何尝就小呢？

编辑这套丛书，有一个用意就是节省读者的时间，让读者在较短的时间内获得较多的知识。在信息爆炸的时代，人们要学的东西太多了。补习，遂成为经常的需要。如果不善于补习，东抓一把，西抓一把，今天补这，明天补那，效果未必很好。如果把读书当成吃补药，还会失去读书时应有的那份从容和快乐。这套丛书每本的篇幅都小，读者即使细细地阅读慢慢地体味，也花不了多少时间，可以充分享受读书的乐趣。如果把它们当成补药来吃也行，剂量小，吃起来方便，消化起来也容易。

我们还有一个用意，就是想做一点文化积累的工作。把那些经过时间考验的、读者认同的著作，搜集到一起印刷出版，使之不至于泯没。有些书曾经畅销一时，但现在已经不容易得到；有些书当时或许没有引起很多人注意，但时间证明它们价值不菲。这两类书都需要挖掘出来，让它们重现光芒。科技类的图书偏重实用，一过时就不会有太多读者了，除了研究科技史的人还要用到之外。人文科学则不然，有许多书是常读常新的。然而，这套丛书也不都是旧书的重版，我们也想请一些著名的学者新写一些学术性和普及性兼备的小书，以满足读者日益增长的需求。

“大家小书”的开本不大，读者可以揣进衣兜里，随时随地掏出来读上几页。在路边等人的时候，在排队买戏票的时候，在车上、在公园里，都可以读。这样的读者多了，会为社会增添一些文化的色彩和学习的气氛，岂不是一件好事吗？

“大家小书”出版在即，出版社同志命我撰序说明原委。既然这套丛书标示书之小，序言当然也应以短小为宜。该说的都说了，就此搁笔吧。

前　言

王煦华

顾颉刚先生（1893—1980），江苏苏州市人，是我国著名的历史学家。在上古史领域里，他是“古史辨派”的创始人。这个学派没有什么组织，因为他编著的《古史辨》这部论文集在学术界影响重大而得名。在历史地理领域里，他又是“禹贡派”的创始人，这个学派虽有禹贡学会的组织，但其得名主要是由于他和谭其骧一起创办的《禹贡》这个刊物在社会上的巨大影响，首先日本人称之为“禹贡派”。顾先生考辨古史，涉及到古代的神话、文学、民俗和歌谣，在这些领域里，他的研究都作了开创性的贡献，成为中国现代神话学、古典文学、民俗学和民间文艺研究等学术领域里的卓越的奠基人之一。

顾先生出生于苏州书香世家，原名诵坤，字铭坚。笔名有天游、无悔、张久、诚吾、桂姜园、余毅、康尔典、劳育、周塾等。1920年毕业于北京大学文科中国哲学门。新中国成立前后，历任厦门、中山、燕京、北京、云南、齐鲁、中央、复旦、兰州、震旦等大学和社会教育学院、诚明文学院、上海学院等院校教授，中山大学语言历史学研究所主任、中央研究院历史语言研究所特约研究员暨人文组院士、北平研究院史学研究会历史组主任、齐鲁大学国学研究所主任等职。1954年后任中国科学院历史研究所第一所和中国社会科学院历史研究所研究员，先后主持过《资治通鉴》和“二十四史”的校点工作。

顾颉刚先生是中国现代的疑古辨伪大师，他的研究方法和成就都超越前人。他的这本《秦汉的方士与儒生》在继承前人疑古辨伪的优秀成果的基础上，更进一步深入探索秦、汉间人造伪的原因，全面地论述了产生这个现象的社会背景和历史条件。为了帮助读者阅读理解此书，下面就对他的疑古辨伪思想的由来——“层累地造成的中国古史”观，在中国辨伪史上的地位和本书的内容作一些介绍。

疑古辨伪思想的由来和形成

顾颉刚先生最早接受的疑古辨伪思想，是《国朝先正事略》中的《阎若璩传》和姚际恒的《古今伪书考》。他在《古今伪书考》序中说："我在二十岁以前，所受的学术上的洪大的震荡只有两次。第一次是读了一部监本《书经》，又读了一篇《先正事略》中的《阎若璩传》。第二次就是这一回，翻看了一部《汉魏丛书》，又读了一本《古今伪书考》。我深信这两次给予我的刺戟深深地注定了我的毕生的治学的命运，我再也离不开他们的道路了！"这两次刺戟，都发生在1909年，这年他十七岁。他在《古史辨》第一册自序中说：读了《阎若璩传》后，"知道他已把《古文尚书》辨得很明白，是魏、晋间人伪造的。一时就想读他所做的《尚书古文疏证》，但觅不到。……即从各家《书》说中辑出驳辨《伪古文》的议论若干条"，得知"不但魏、晋间的古文成问题，就是汉代的古文也成了问题了"。由此"感到《今文尚书》中《尧典》、《皋陶谟》诸篇的平易的程度并不比《伪古文》差了多少；我又感到汉人《尚书》注的不通，都想由我辨去"。可见他一开始就想完成清人《尚书》辨伪之业，把它彻底弄清楚。

同年，顾先生又读了姚际恒的《古今伪书考》，后来他在此书的序中说："我的头脑里忽然起了一次大革命。这因为我的'枕中鸿宝'《汉魏丛书》所收的书，向来看为战国、秦、汉人所作的，被他一阵地打，十之七八都打到伪书堆里去了。我向来对于古人著作毫不发生问题的，到这时都引起问题来了。”可见，此书开阔了他的视野，使他知道“故纸堆里有无数记载不是真话，又有无数问题未经解决”，使他受到“发聋振聩”的影响，启发他“不但传记不可信，连‘经’也不可尽信”。

1914年，顾先生细读了夏曾佑的《中学历史教科书》（后改名《中国古代史》，收入《大学丛书》），对书中总称三皇、五帝的时代为“传疑时代”，直到周武王灭殷，才称为“化成时期”，很为赞赏，以为处处以科学眼光观察，发现精义。此书对他产生了深刻的影响。

1915年，顾先生读了康有为的《新学伪经考》和《孔子改制考》，对他的论辨伪古史甚为信服。他在《古史辨》第一册自序中说：《新学伪经考》的“论辨的基础完全建立于历史的证据上，要是古文的来历确有可疑之点，那么，康长素先生把这些疑点列举出来也是应有之事。……《孔子改制考》第一篇论上古事茫昧无稽，说孔子时夏、殷的文献已苦于不足，何况三皇、五帝的史事，此说即极惬心餍理。下面汇集诸子托古改制的事实，很清楚地把战国时的学风叙述出来，更是一部绝好的学术辨伪史。虽则他所说的孔子作“六经”的话我永不能信服，但“六经”中参杂了许多儒家的托古改制的思想是不容否认的。”《孔子改制考》中所指出的上古事茫昧无稽，启发了顾先生推翻古史的动机，可见康有为的思想对他的疑古辨伪思想的形成，起了重大的作用。

在此后五六年的酝酿过程中，以下几个人对他的影响较大，使他的疑古辨伪思想进一步深化和系统化。

1917年，他读了郑樵的《通志》，觉得“他胆子很大，敢于批评前人。……他说《诗》、《书》可信，然而不必字字可信。……郑樵的书启发我做学问要融会贯通，并引起我对《诗经》的怀疑。”（《我是怎样编写〈古史辨〉的》）

顾先生初作辨伪工作时，只注目于伪史和伪书，1920年冬，钱玄同先生却屡屡和他“说起经书的本身和注解有许多应辨的地方”，使他“感到经部也有可以扩充的境界”。（《古史辨》第一册自序）在今古文的看法上顾先生也接受钱的看法，在本书序中说：“他（钱玄同）不止一次地对我说：‘今文学是孔子学派所传衍，经长期的蜕化而失掉它的真面目的。……古文家得到了一点古代材料，用自己的意思加以整理改造，七拼八凑而成其古文学……所以今文家攻击古文经伪造，这话对；古文家攻击今文家不得孔子的真意，这话也对。我们今天，该用古文家的话来批评今文家，又该用今文家的话来批评古文家，把他们的假面目一齐撕破，方好显露出他们的真相。’”顾先生“觉得这是一个极锐利、极彻底的批评，是一个击碎玉连环的解决方法”，使他略略地辨清了今、古文家的原来面目，并把研究向前推进一步，由此“明白儒生和方士的结合是造成两汉经学的主因”。

1913年，顾先生考入北大后，过了二年戏迷的生活，在随时留意和深思戏剧中的许多基本故事之中，“认识了这些故事的性质和格局，知道虽是无稽之谈，原也有它的无稽的法则”。在1918年北京大学征集歌谣的影响下，顾先生又于1919年搜集吴歌，搜集的结果，使他知道“歌谣和小说戏剧中的故事一样，会得随时随地变化。同是一首歌，两个人唱着便有不同。就是一个人唱的歌，也许有把一首分成大同小异的两首的。有的歌因为形式的改变以至连意义也随着改变了。”由于古书上所载的上古史，本身就是神话传说，跟戏剧和歌谣中的故事一样会得变迁的，所以顾先生能“从戏剧和歌谣中得到研究古史的方法……用了民俗学的材料去印证古史”，（《古史辨》第一册自序）成为他的疑古辨伪思想的来源之一，并在古史论证方法上又多了一重论证。

顾先生又接触了考古学的著作，在1921年，他读了罗振玉和王国维的著作以后说：“我始知道他们对于古史已在实物上作过种种的研究。……我知道要建设真实的古史，只有从实物上着手的一条路是大路，我的现在的研究仅仅在破坏伪古史的系统上面致力罢了。我很愿意向这一方面做些工作，使得破坏之后得有新建设，同时也可以用了建设的材料做破坏的工具。”（《古史辨》第一册自序）可见王国维等用实物材料研究古史所取得的成就给予了顾先生深刻的影响。他认为出土古物所透露的古代文化的真相，可以用来建设真古史，而它正好又反映出古书中所写的古史是幻相，所以又可以用来作为破坏伪古史的工具。

所以顾先生的疑古辨伪用的是三重论证：历来相传的古书上的记载，考古发掘的实物材料和民俗学的材料，比王国维又多了一重。因此，他的疑古辨伪是既大胆又严谨的。

1917年，胡适受聘为北京大学文科教授，讲授中国哲学史，顾先生听了非常佩服，对他产生重大的影响。他说：他“重编讲义，辟头一章是《中国哲学结胎的时代》，用《诗经》作时代的说明，丢开唐、虞、夏、商、周，径从周宣王以后讲起。这一改……在裁断上是足以自立的。……他有眼光，有胆量，有断制……他的议论处合于我的理性，都是我想说而不知道怎样说才好的。……从此以后……对于适之先生非常信服；我的上古史靠不住的观念在读了《改制考》之后又经过这样地一温”。（《古史辨》第一册自序）这年，顾先生又读了胡适的《诸子不出于王官论》，使他对先秦诸子的看法，受到根本转变的影响，他说："自读此篇，仿佛把我的头脑洗刷了一下，使我认到了一条光明之路。从此我不信有九流，更不信九流之出于王官，而承认诸子的兴起各有其背景，其立说在各求其所需要。……再与《孔子改制考》合读，整部的诸子的历史似乎已被我鸟瞰过了。……到民国十一年的春天，梁任公先生发表其《老子》书作于战国之末的意见，始把我的头脑又洗了一下。凡古人所喷的厚雾，所建着的障壁，得此两回提示，觉得有肃清的可能了。"（《古史辨》第四册序）由此可见顾先生所受胡适影响之深。更重要的则是承受了胡适的研究方法，他说："那数年中，适之先生发表的论文很多，在这些论文中他时常给我以研究历史的方法，我都能深挚地了解而承受；并使我发生一种自觉心，知道最合我的性情的学问乃是史学。……研究古史也尽可以应用研究故事的方法。……我们只要用了角色的眼光去看古史中的人物，便可明白尧舜们和桀纣们所以成了两极端的品性，做出两极端的行为的缘故，也就可以领略他们所受的颂誉和诋毁的积累层次。只因我触了这一个机，所以骤然得到一种新的眼光，对于古史有了特殊的了解。"（《古史辨》第一册自序）所以胡适对顾先生的影响，主要是在历史进化论和研究历史的方法，使他对古史有特殊的了解，知道"不但要去研究伪史的背景，而且要寻出演变

的线索，就演变的线索上去研究”。（同上）

到了1921年，顾先生读了崔述的《考信录》，大为痛快，以为“是一部规模宏大而议论精锐的辨伪的大著作”，“很有许多是自以为创获的，但他的书里已经辨证得明明白白了”。（《古史辨》第一册自序）可是顾先生对他的著作仍有二点不满意。“第一点，他著书的目的是要替古圣人揭出他们的圣道王功，辨伪只是手段。……所以他只是儒者的辨古史，不是史家的辨古史。第二点，他要从古书上直接整理出古史迹来，也不是妥稳的办法。因为古代的文献可征的已很少，我们要否认伪史是可以比较各书而判定的，但要承认信史便没有实际的证明了。……我们现在既没有‘经书即信史’的成见，所以我们要辨明古史，看史迹的整理还轻，而看传说的经历却重。凡是一件史事，要看它最先是怎样的，以后逐步逐步的变迁是怎样的”。（《与钱玄同先生论古史书》）因此，他要比崔述更进一步辨析中国的古史，推翻揭出圣道王功的目的，作彻底的整理。

从上述顾颉刚先生的疑古辨伪思想的由来和形成来看，他创立的“层累地造成的中国古史”观无疑地是继承了历代学者的疑古辨伪的优秀成果，吸收西方的科学知识而创立的。他是“宋学取其批评精神，去其空谈；清代经学取其考证法，去其墨守汉儒旧说；今文经学取其较早的材料，去其妖妄的迷信”；（《崔东壁遗书序》）然后在这个基础上运用历史进化论、民俗学和考古学等的科学知识联系成一个系统。

“层累地造成的中国古史”观的划时代意义

顾颉刚先生的“层累地造成的中国古史”观，在中国辨伪史上是一座里程碑，具有划时代的重大意义。为了把这个问题说清楚，这里把他的论述和前人的论述作一番比较，看看他比前人究竟高出多少，那就一清二楚了。

中国的疑古辨伪思想，萌芽于春秋之末，由儒家的创始人孔子开其端。孔子虽然“信而好古”（《论语·述而》），但“不语怪、力、乱、神”（同上）。可见他的“信而好古”，是把“怪、力、乱、神”的传说排除在外的真实可信的古史，也就是说他在“信而好古”之前已作了一番剔除伪史的功夫了。此外，孔子也讲过一些不属于“怪、力、乱、神”范围的传说，可是他并不轻信，他说：“夏礼吾能言之，杞不足征也。殷礼吾能言之，宋不足征也。文献不足故也。”（《论语·八佾》）可见，孔子对传说的夏礼和殷礼，非常审慎，采取存疑的态度，认为只有在他们的后裔杞、宋二国那里，觅得文献证实才是可信的。因此，他开创了对古代传说考而后信的实事求是的平实态度。

至于层累地造成的中国古史观念，在孔子的弟子子贡对纣的传说提出怀疑的话中也有了萌芽。他说："纣之不善不如是之甚也，是以君子恶居下流，天下之恶皆归焉。"（《论语·子张》）这句话的意思是说，纣干的坏事不像传说的那样的厉害，由于他处于亡国之君的下流地位，人们就把他当作坏的偶像，把天下所有的坏事都归到他的头上了。这说明历来相传的纣的罪恶是陆续加上去的。顾先生在20年代写过一篇《纣恶七十事的发生次第》来说明在《尚书》（《伪古文尚书》除外）中，纣只是一个糊涂人，贪酒、不用贵戚旧臣、登用小人，听信妇言，信有命在天，不留心祭祀而已。他的七十条罪恶是从东周到西汉陆续加上去的。

过了三百多年，到了西汉初，淮南王刘安又说："三代之称，千岁之积誉也；桀、纣之谤，千岁之积毁也。"（《淮南子·缪称训》）更明确指出这些颂誉、诋毁是长期积累而来。但这仅从朝代和个别人的好坏来说，还没有涉及到古史系统。

又过了一千多年，到宋仁宗时，欧阳修在《帝王世次图序》中说："汉兴久之……奇书异说方充斥而盛行……而不自知其取合真伪，至有博学好奇之士，务多闻以为胜者，于是尽集诸说而论次，初无所择，而惟恐遗之也。如司马迁之《史记》是矣。以孔子之学，上述前世，止于尧、舜，著其大略，而不道其前；迁远出孔子后，而乃上述黄帝以来，又悉详其世次，其不量力而务胜，宜其失之多也。”这里欧阳修指出了从黄帝以来到尧、舜这段古史是司马迁增益进去的。这说明欧阳修已看出历代相传的古史系统是后人增加进去的，在认识上进了一大步。另外，他又指出产生这种现象的原因是：司马迁是“博学好奇之士，务多闻以为胜，于是尽集诸说而论次”。虽不确切，但表明人们已开始探索其原因了。

稍后于欧阳修的刘恕，曾参与纂修《资治通鉴》，见多识广，娴熟古代史事，在《通鉴外纪》中有了更详细的论述。他说：

> “六经”惟《春秋》及《易》彖、象、系辞、文言、说卦、序卦、杂卦，仲尼所作，《诗》、《书》，仲尼刊定，皆不称三皇、五帝、三王。……故知《六韬》称三皇，《周礼》称三皇、五帝及管氏书，皆杂孔子后人之语，校其岁月，非本书也。先秦之书，存于今者，《周书》、《老子》、《曾子》、《董子》、《慎子》、《邓析子》、《尹文子》、《孙子》、《吴子》、《尉僚

子》皆不言三皇、五帝、三王。《论语》、《孟子》称三代，《左氏传》、《国语》、《商子》、《孟子》、《司马法》、《韩非子》、《燕丹子》称三王，《谷梁传》、《荀卿子》、《鬼谷子》、《亢仓子》称五帝……惟《文子》、《列子》、《庄子》、《吕氏春秋》、《五经纬》始称三皇，《鹖冠子》称九皇。案《文子》称墨子，而《列子》称魏文侯，《墨子》称吴起，皆周安王时人，去孔子没百年矣。《艺文志》：《鹖冠子》一篇，楚人，居深山，以鹖为冠。唐世尝辨此书后出，非古《鹖冠子》，今书三卷十五篇，称剧辛，似与吕不韦皆秦始皇时人，其文浅意陋，非七国时书。《艺文志》云：文子，老子弟子，孔子并时，非也。《庄子》又在《列子》后，与《文》、《列》皆寓言，诞妄不可为据。秦、汉学者宗其文词富美，议论辨博，故竟称三皇、五帝而不究古无其人，仲尼未尝道也。……秦初并六国，丞相等议帝号曰："古有天皇，有地皇，有泰皇；泰皇最贵，臣等上尊号，王为泰皇。"王曰："去'泰'著'皇'，采上古帝位号，号曰皇帝。"乃知秦以前诸儒或言五帝，犹不及三皇，后代不考《始皇本纪》，乃曰兼三皇、五帝，号曰皇帝，误也。

刘恕以为孔子没有说过三皇、五帝，因此说古代没有这些人，五帝、三皇的名称到战国时才出现，可见三皇、五帝的古史系统，不是真实的古史系统。

再过了七百多年，到了清代乾、嘉年间，崔述在他《补上古考信录》中说：

> 夫《尚书》但始于唐、虞，及司马迁作《史记》乃起于黄帝，谯周、皇甫谧又推之以至于伏羲氏，而徐整以后诸家遂上溯于开辟之初，岂非以其识愈下则其称引愈远，其世愈后则其传闻愈繁乎！

又在《考信录提要》上说：

> 大抵古人多贵精，后人多尚博，世益古，则其取舍益慎，世益晚则其采择益杂，故孔子序《书》，断自唐、虞，而司马迁作《史记》乃始于黄帝，然犹删其不雅驯者，近世以来，所作《纲目前编》、《纲鉴捷录》等书，乃始于庖羲氏或天皇氏，甚至有始于开辟之初盘古氏者，且并其不雅驯者而亦载之。

这些论述说明崔述已较欧阳修、刘恕的认识更进了一步，他对古籍中所载古史愈后愈详的现象，不仅像欧阳修所说的“初无所择”，“尽集诸说而论次”那样，指出“后人多尚博”，“世益晚，则其采择益杂”，又进一步指出“其识愈下，则其称引愈远；其世愈后，则其传闻愈繁”。这些论述仍不能确切阐明古史系统的层累现象，但已说出古籍记载时代的远近和古史繁简的关系，是由于作者识见的高下。比以前又深入了一步。

又过了一百多年，到了20世纪20年代，顾颉刚先生揭示出战国、秦、汉以来的古书中所载的古史，大都是出于神话传说的演变，是由不同时代的神话传说一层一层地积累起来造成的。他在1922年立了一个假设：

> 古史是层累地造成的，发生的次序和排列的系统恰是一个反背。（《古史辨》第一册自序）

这个假设的意思是说：战国、秦、汉以来的古书中所讲的古史系统，是由先后不同时代的神话传说一层一层积累起来造成的，古代神话传说发生时代的先后次序和古书中所讲的古史系统排列先后恰恰相反。次年，他在《与钱玄同先生论古史书》的“前记”中又作了进一步的阐发。他说这有三个意思：

> 第一，可以说明“时代愈后，传说的古史期愈长”。如周代人心目中最古的人是禹，到孔子时有尧、舜，到战国时有黄帝、神农，到秦有三皇，到汉以后有盘古等。
>
> 第二，可以说明“时代愈后，传说中的中心人物愈放愈大”。如舜，在孔子时只是一个“无为而治”的圣君，到《尧典》就成了一个“家齐而后国治”的圣人，到孟子时就成了一个孝子的模范了。
>
> 第三，我们在上面，即不能知道某一件事的真确的状况，但可以知道某一件事在传说中的最早的状况。我们即不能知道东周时的东周史，也至少能知道战国时的东周史，我们即不能知道夏、商的夏、商史，也至少能知道东周时的夏、商史。

把上面顾先生所揭示的“层累地造成的中国古史”观来和子贡、刘安、欧阳修、刘恕、崔述的言论相比较，就可以看出顾先生虽然继承了他们的一些基本思想，但并不是在原地踏步，或者有一些量的改变，而是有了质的变化。就拿最后的崔述来说，他说的“其识愈下，则其称引愈远；其世愈后，则其传闻愈繁”，虽含有层累地造成的观念，但只是描述了历来相传的古史系统的现象，知其然而不知其所以然。顾先生对“层累地造成的中国古史”观的表述，则排除与古史系统远近无关的识见和繁简，而单纯以古帝神话传说发生时代的先后次序和古书中所讲的古史系统排列先后来比较，从而得出两者先后恰恰相反的规律。

从司马迁到崔述，二千多年来，一直都以“考信于六艺”作为区别古史真伪的标准，奉行而不疑。但顾先生指出这是不正确的，他在《与钱玄同先生论古史书》的“前记”中评论崔述时说：“崔述相信经书即是信史，拿经书上的话做标准，合的为真，否则为伪……但在我们看来，终究是立脚不住的，因为经书与传说只是时间的先后，并没有截然不同的真伪区别；假使在经书之前还有书，这些经书又要降做传记了。”经书既不能作为古史考信的标准，因此顾先生以历史进化论为依据，在《答刘胡两先生书》中提出了推翻非信史的四条标准：

① 打破民族出于一元的观念；

② 打破地域向来一统的观念；

③ 打破古史人化的观念；

④ 打破古代为黄金世界的观念。

拿这四条标准和“考信于六艺”来比较，很明显是远远地超过了。

此后，顾颉刚先生又对伪古史系统产生的社会背景和历史条件作了探索。1935年他在《战国秦汉间人的造伪与辨伪》一文中说：“战国、秦、汉四百余年中，为了阶级的破坏，种族的混合，地域的扩张，大一统制度的规划，阴阳五行原理的信仰，以及对于这大时代的扰乱的厌倦，立了许多应时的学说，就生出了许多为证实这些学说而杜造的史事。”他认为把许多古代各族的帝王编排成的古史系统，就是由于种族的融合，“把各族的祖先归到一条线上，把原有的横的系统变成了纵的系统”而形成的；礼乐制度则是由于地域的扩张，和大一统的形势，“把各地不同的器具、礼法，依了他们的想象，再加上一点杜造，分配到虞、夏、商、周去，算作四代的不同的制度。”阴阳五行的学说就是顺应这些需要而兴起的支配一切的思想，当时的人们“以为这是天和人的一致的规律，是宇宙间的最高的原理，于是，计划政治制度时就要使用这原理，编排历史系统时又要使用这原理”。

因此，顾先生的“层累地造成的中国古史”观，确如蔡元培所称誉的是“烛照千载之前，发前人所未发”，在中国辨伪史上具有划时代的重要意义。顾先生在这一史观发表以后，没有再作深入系统的阐述。因此其内容的表述还有不够完善之处，如层累与分化、演进的关系等等，但任何东西不可能一开始就十全十美的，因此其疏略之处还需要后来的考辨古史的学者继续充实、发展和提高。至于顾先生考辨古史传说各种具体问题的卓越成就，这里就不一一细谈了。

本书的写作经过及其内容

这本《秦汉的方士与儒生》，是顾颉刚先生1935年在燕京大学代邓之诚教授任“秦汉史”一课时所写的讲义，最初印发给学生时，名《汉代史讲义》，附有《五德终始说残存材料表》。1935年上海亚细亚书局出版时，题为《汉代学术史略》，此表未列入。1955年，上海群联出版社重版时，改名为《秦汉的方士与儒生》，增加了一篇序，说明写作此书的由来、经过和改名的缘由。

顾先生在此书序中说：“1929年，我担任了燕京大学历史系的课务”，“当时曾本崔适先生《史记探源》中所提出的刘歆利用了五德相生说来改造古史系统的各种证据，加以推阐，写成《五德终始说下的政治和历史》一文。”1933年，他就把上述的意思编撰成讲义。另外他在《三皇考自序》中又说："自从民国十八年，我由广州回到北平，即本此志愿，搜集材料。在这一年燕京大学的《中国上古史研究讲义》里，把东周至东汉的人们对于古史系统的观念理出一个头绪。其中五帝一部分，十九年重加修正"，"命题为《五德终始说下的政治和历史》"，"三皇一部分，则于二十一年夏天，在妙峰山金仙庵中增改一过，分出章节，就是这一册书"。可见本书是在这三种研究的论著基础上用通俗的体裁写成的。文笔流畅，深入浅出，把本来像一团乱丝和枯燥无味的问题，像讲故事似的一个一个有条不紊地讲出来，而且讲得生动活泼，引人入胜，娓娓动听。读者如有兴趣，想深入钻研，应阅读上述三种研究性论著。

本书的主旨在说明秦、汉的方士与儒生在大一统的社会背景下，怎样运用阴阳五行的思想创立政治学说和政治制度，来为秦、汉时期各个历史阶段的统治集团服务的。它的内容，顾先生在序中说："大抵分为三个段落：从第一章到第七章，说明在阴阳家和方士的气氛下成就的秦、汉时代若干种政治制度；从第八章到第十八章，说明博士和儒生怎样地由分而合，又怎样地接受了阴阳家和方士的一套，成为汉代的经学，又怎样地从他们的鼓吹里影响到两汉时代的若干种政治制度，从第十九章到第二十二章，说明汉代的经学如何转入谶纬，谶纬对于政治又发生了怎样的作用。”顾先生之所以写这些内容，就是要说明“层累地造成的中国古史”是由于秦、汉的方士与儒生为了适应于当时统治者的不同阶段的需要，用五德终始说来编排的各种古史系统而形成的。所以，本书实际上是一本叙述“层累地造成的中国古史”形成过程的历史书。

读者阅读此书，如先有一点中国辨伪史的知识，就更易于深入理解其内容，而知其所以然。为此我建议出版社重印此书时，把《崔东壁遗书序》附在后面。因为此序实际上是一篇《中国辨伪史要略》，而目前尚无比这更详尽的专著。

目　录

001 / 序
015 / 第一章　阴阳五行说及其理想中的政治制度
020 / 第二章　封禅说
023 / 第三章　神仙说与方士
028 / 第四章　汉代受命改制的鼓吹与其实现
033 / 第五章　汉武帝的郊祀与求仙
039 / 第六章　天象的信仰与天变的负责者
044 / 第七章　灾异说和西汉的国运
049 / 第八章　黄老之言
060 / 第九章　尊儒学而黜百家
068 / 第十章　经书的编定与增加
077 / 第十一章　博士官
084 / 第十二章　经学的今古文问题

091 / 第十三章　通经致用
101 / 第十四章　王莽的受禅
110 / 第十五章　汉的改德
117 / 第十六章　古史系统的大整理
125 / 第十七章　经古文学的建立
134 / 第十八章　祀典的改定和月令的实行
142 / 第十九章　谶纬的造作
151 / 第二十章　谶纬的内容
160 / 第二十一章　谶纬在东汉时的势力
168 / 第二十二章　曹丕的受禅

序

这本小册子经过了二十余年的时间，现在又重版了。当时我为什么要写这本书，这是该详细向读者同志报告的，因此补上这篇序。

清朝这一代，最高的统治者挟了种族的成见，防止人民起义，屡兴文字狱，读书人一不小心就容易砍掉脑袋，甚至有灭门之祸。在这等淫威之下，逼得若干有些创造力的知识分子把他们的全部心思才力集中到故纸堆里，学问完全脱离了人生实用。这种学风当然是畸形的、偏枯的，但因他们下了苦功，也获得了意外的收获：就是在史料学的范围里开拓了一些新园地，帮助人们认识了若干未经前人揭出的史实。尤其是他们特别注意于两汉的经学——所以他们的学问叫做“汉学”——经过了长时期的搜集材料、整理材料，竟把向来看不清楚的两汉学术思想指出了一个轮廓。因为汉代学者是第一批整理中国历史资料的人，凡是研究中国古代历史和先秦各家学说的人们一定要先从汉人的基础上着手，然后可以沿源数流，得着一个比较适当的解释，所以汉代学术享有极崇高的地位，人们对于那时候的权威学说只有低头膜拜，就是有一二人不肯服从，驳斥它的不合理的地方，也会遭受到千万倍的压力把他压了下去，它的神圣不可侵犯的地位永远靠了模糊的面貌来维持。清代学者本来只是为了反抗空谈心性的宋、明理学而信仰汉代学术，但经他们深刻研究“汉学”的结果，竟使我们约略看出那时代的黑暗的内幕，知道所谓权威的汉代学术的大部分只是统治阶级麻醉民众和欺骗民众的工具，它的基础建立在宗教迷信上。我们看出了这一点，当然要对于它的黑暗面激起甚大的反感。这个反感分明是清代学者提供给我们的，然而他们自身却还没有想到会发生这个破坏性的后果呢。

我二十岁以前住在苏州，那里是清代汉学的中心，最有接触经学书的机会，引得我喜欢在这些书里瞎摸；又因上了小学和中学，接受了一点资产阶级的科学的皮毛，所以再不能相信汉代经师的神秘话头。那时正在戊戌政变之后，这次政变是由康有为的经今文学鼓动起来的，他假借了西汉所谓《春秋》大师董仲舒的“三代改制”的话做理由，要求统治阶级变法自强。他的同道有谭嗣同、梁启超、皮锡瑞等维新派。同时和他取相反的立场的是保守派张之洞、朱一新、王先谦、王仁俊、叶德辉等人，他们的言论都载在苏舆编的《翼教丛编》里。戊戌以后，章炳麟主张种族革命，反对康有为的保皇论，又站在经古文学的立场上来抨击康氏的今文学，康氏说“新学伪经”出于刘歆一手所为，章氏便说刘歆是孔子以后的第一个人；其时助章氏张目的有刘师培等人，他们的文字多数载在邓实编的《国粹学报》。这是一场使人看得眼花缭乱的大战！少年时代的我，看他们打得这般热闹，精神上起了极大的兴奋；但自己还没有本领去评判他们的是非，又怀着异常的苦闷。不过，今文家喜欢称引谶纬，谶纬里十分之九都是妖妄怪诞的东西，这是我早已认定的，何况章氏站在革命的立场上来反对康氏的保皇呢，所以在我的理智上，认为古文家的思想是进步的，我们该走向古文家的阵营。

原来清代末年，全国的经学大师，俞樾是最有声望的一位。他担任杭州诂经精舍的山长三十余年，培养了很多的经学人才。他对于今文学和古文学采取兼容并包的态度，所以在他门下受业的人们也各就其性之所近走上了岔道：或专研古文，或笃信今文，或调和今古文。章炳麟是他门下古文派中的一个健将，崔适则是他门下今文派中的一个专家。今文经中最重要的一部书是《春秋公羊传》，那时别人多喜欢把《公羊》的话语结合当前的政治，在变法自强运动中起了大小不等的波澜，独有崔氏，虽把《公羊》读得烂熟，却只希望恢复《公羊》学的原来面目，自身未参预过政治运动。因为他极少写单篇论文发表他的主张，所以我不曾注意过他。

1916年，我进了北京大学文科中国哲学门。这个门（即是后来的系）是清末京师大学中经科的化身，所以经学的空气仍极浓厚。教我们《中国哲学史》的是主张不分今、古、汉、宋一切都容纳了的陈汉章先生，教《春秋公羊学》的就是这位严守专门之学的壁垒的崔适先生。崔先生发给我们的讲义是他用了毕生精力做成的一部《春秋复始》，他把《公羊传》为主，辅之以董仲舒《春秋繁露》和何休《公羊解诂》等书，把一部《公羊传》分类解释，要使人们从这里看出孔子的《春秋》大义。他说《谷梁传》和《左氏传》都是古文学，就都是伪经学，绝对不是孔子的意思。他年已七十，身体衰弱得要扶了墙壁才能走路，但态度却是这般地严肃而又勤恳，我们全班同学都十分钦敬他。可是我总想不明白：《春秋》本是一部鲁国史书，为什么不该从东周的史实上讲而必须在孔子的意思上讲？就是说这部书真是孔子所笔削的鲁国史书，一字一句里都贯穿着他的意思，为什么《经》中屡有阙文，如“夏五”、“郭公”之类，表明它保存了断烂的史书的原样？如果说《公羊传》的作者确是孔子的门人，最能把握着孔子的微言大义，为什么《传》中常说“无闻焉尔”，表明他并没有捉住孔子的意思？

直到1920年我在北大毕业之后才认识钱玄同先生。他在日本留学时是章氏的学生，回国以后又是崔氏的学生。他兼通今古文而又对今古文都不满意。他不止一次地对我说：“今文学是孔子学派所传衍，经长期的蜕化而失掉它的真面目的。古文经异军突起，古文家得到了一点古代材料，用自己的意思加以整理改造，七拼八凑而成其古文学，目的是用它做工具而和今文家唱对台戏。所以今文家攻击古文经伪造，这话对；古文家攻击今文家不得孔子的真意，这话也对。我们今天，该用古文家的话来批评今文家，又该用今文家的话来批评古文家，把他们的假面目一齐撕破，方好显露出他们的真相。……”这番议论从现在看来也不免偏，偏在都要撕破，容易堕入虚无主义。但在那时，当许多经学家在今、古文问题上长期斗争之后，我觉得这是一个极锐利、极彻底的批评，是一个击碎玉连环的解决方法，我的眼前仿佛已经打开了一座门，让我们进去对这个二千余年来学术史上的一件大公案作最后的判断了。

我既略略地辨清了今、古文家的原来面目，就又希望向前推进一步。为什么有今文家？为什么有古文家？他们出现的社会背景和历史条件是什么？固然，古文经一系列的组织和发展，由于刘歆站在最高学术地位上的鼓吹和王莽站在最高政治地位上的推动，这事对于王莽夺取汉家政权必然与以若干有利的条件，关于这一点早由方苞的《周官辨》和康有为的《新学伪经考》等书说明了。但这事如果单纯地只看做和王莽有关，那么当新室灭亡之际，古文经理应和它同归于尽，何以到了东汉反而昌盛，竟夺得了今文经的正统？又如今文学，如果单纯地只看做孔子学派师徒们的传授，那么由孔子到董仲舒不过三百年，终不该作一百八十度的转变，为什么会大讲其“怪、力、乱、神”，和孔子的思想恰恰相反？想到这里，就不得不在秦、汉时代统治阶级的需要上来看今、古文两派的变化。研究的结果，使我明白儒生和方士的结合是造成两汉经学的主因。方士的兴起本在战国时代的燕、齐地方，由于海上交通的发达，使得人们对于自然界发生了种种幻想，以为人类可以靠了修炼而得长生，离开了社会而独立永存，取得和上帝同等的地位；同时同地有邹衍一派的阴阳家，他们提倡“天人相应”的学说，要人们一切行为不违背自然界的纪律。秦始皇统一六国，巡行到东方，为了方士和阴阳家们会吹会拍，他立刻接受了海滨文化。儒生们看清楚了这个方向，知道要靠近中央政权便非创造一套神秘的东西不可，所以从秦到汉，经学里就出了《洪范五行传》一类的“天书”做今文家议论的骨干，一般儒生论到政治制度也常用邹衍的五德终始说的方式来迎合皇帝的意图，使得皇帝和上帝作起紧密的联系。皇帝的神性越浓厚，他的地位就越优越，一般民众也就越容易服服帖帖地受皇帝的统治。这种政策，皇帝当然是乐于接受的，而且确实胜过了方士们的专在幻想中寻求希望，所以儒生的地位很快地超过了方士，凡是正途的官吏都要在儒生中挑选。到了西汉之末，刘歆整理皇家的图书，发现许多古代史料，他想表章它们，本是史学上的一件盛举；但学术性的东西是皇帝所不需要的，一定要插入对于皇帝有利的东西方能借得政治的力量，所以他唯有在《左传》里加进新五德终始说的证据，又要做出一部《世经》来证明王莽的正统。在这种空气里，光武帝就必须用《赤伏符》受命，而谶纬一类妖妄怪诞的东西就大量产生了。因此，我觉得两汉经学的骨干是“统治集团的宗教”——统治者装饰自己身份的宗教——的创造，无论最高的主宰是上帝还是五行，每个皇帝都有方法证明他自己是一个“真命天子”；每个儒生和官吏也就都是帮助皇帝代天行道的孔子的徒孙。皇帝利用儒生们来创造有利于他自己的宗教，儒生们也利用皇帝来推行有利于他们自己的宗教。皇帝有什么需要时，儒生们就有什么来供应。这些供应，表面上看都是由圣经和贤传里出发的，实际上却都是从方士式的思想里借取的。试问汉武帝以后为什么不多见方士了？原来儒生们已尽量方士化，方士们为要取得政治权力已相率归到儒生的队里来了。至于今文家和古文家，只是经书的版本不同或是经书上的解释不同，不是思想的根本有异。不过古文家究竟掌握了若干古代资料，又起得较迟，到了东汉时谶纬的妖妄性已太显著，不能取得脑筋清楚的儒生们的信仰，所以流入训诂一途，比较有些客观性而已。

1929年，我担任了燕京大学历史系的课务，即想竭尽我的心力来探求这方面的问题。当时曾本崔适先生《史记探源》中所指出的刘歆利用了五德相生说来改造古史系统的各种证据，加以推阐，写成《五德终始说下的政治和历史》一文，刊入《清华学报》。到1933年，同系教授邓之诚先生患病，请假半年，嘱我代任他的《秦汉史》一课。我就把上述的意思编撰讲义，大抵分为三个段落：从第一章到第七章，说明在阴阳家和方士的气氛下成就的秦、汉时代若干种政治制度；从第八章到第十八章，说明博士和儒生怎样地由分而合，又怎样地接受了阴阳家和方士的一套，成为汉代的经学，又怎样地从他们的鼓吹里影响到两汉时代的若干种政治制度；从第十九章到第二十二章，说明汉代的经学如何转入谶纬，谶纬对于政治又发生了怎样的作用。这二十余章文字大部分暴露了汉代思想的黑暗面，虽不能包括那时的全部学术，但确是那时学术思想的主流，在当时的学术界里无疑地占有正统的地位的。

隔了两年，上海亚细亚书局新开，来函索稿甚急；我想，在我所编的讲义中，这一份还算自成一个段落，便寄给该局出版，姑且命名为《汉代学术史略》。然而汉代的学术方面尚有很多的辉煌的果实，例如唐都、落下闳、邓平、刘歆、张衡的天文学和历法学，张衡的地震学，王景、桑钦的地理学，赵过的农学，许商、平当、贾让的水利学，淳于意、张机、华佗的医学，马钧的机械学，桑弘羊、桓宽、王符、仲长统的经济政治学说，司马谈、迁父子和班彪、固父子以及荀悦、蔡邕的史学，刘向、歆父子的古文籍考订学，扬雄、爰礼、甄丰、服虔、许慎、马融、郑玄的文字学和训诂学，以及王充的唯物主义的怀疑思想等等，都是值得大书特书的。还有汉代四次学术性的大会议：昭帝始元六年（公元前81年）诏郡、国举贤良、文学之士，问他们民间的疾苦，他们都请罢盐、铁、榷酤的专卖，和御史大夫桑弘羊相辩难；桓宽集录为《盐铁论》一书。宣帝甘露二年（公元前52年）诏诸儒讲“五经”同异于石渠阁，皇帝和太子太傅萧望之等评定他们的是非，添立了四家博士。平帝元始元年（公元1年），王莽征求天下通一艺、教授十一人以上，及有《逸礼》、《古书》、《毛诗》、《周官》、《尔雅》、天文、图谶、钟律、《月令》、兵法、《史篇》文字的数千人到未央宫中改正乖谬，统一异说。章帝建初四年（公元79年）诏博士、议郎、诸儒等议“五经”同异于白虎观，魏应掌问难，淳于恭掌条奏，皇帝加以决定；班固集录这回的结论为《白虎通义》。这四次会议对于汉代学术的发展和蜕化一定有极大的关系。这本小册子里既大都没有叙及，就贸然戴上了一顶“汉代学术史”的大帽子，实在觉得不称，心中留着十分的惭愧和对于读者的无尽的歉疚。

这书出版不久，卢沟桥的战事就起来了。我流亡后方，常常一年中迁徙几次，手头又缺乏参考书籍，一切的研究都不能做；抗日战争胜利后又因兼职过多，不能集中精神在学术工作上：一蹉跎就是十八年的长时间，我的头发全白了，还不能把这本书改写。今年，出版社方面不以这书为劣陋，要我加以修正重版；又适值我光荣地参加了国家的工作岗位，由上海迁到北京，生活还没有十分安定，只能作了一些字句的小修改。所幸的，现在得有机会，改题了《秦汉的方士与儒生》，书名和内容相符，可以使我减轻些内心的不安而已。

中国的文化，从书本材料来说，是胚胎于夏、商而化成于两周；以后二千余年，为了过分尊重经学的缘故，骨子里虽不断地在创造，表面上总是承继着两周。至于叙述和说明夏、商、周三代的文化，最重要的有三个时期。第一时期是两汉，他们的目标既在曲解经书来适应于当前的统治集团的利益，把古代史实勉强拉来和当时的东西相比，他们的方法又牵缠于阴阳五行的附会，处处要使得人事和自然界应弦合拍，在这样的主观愿望之下，势不能不流入于武断的玄学，所以名为整理而实际却是棼乱，使得我们要整理三代文化时逼得先去从事于两汉文化的探索，多出了几重麻烦。第二时期是两宋，他们的目标是内心的修养，用了全力去寻求古圣先王的传授心法，这当然也是一个水中捉月的主观愿望；可是他们的治学方法却因部分地接受了禅宗的“呵佛骂祖”的精神，敢于打破久踞在学术界宝座的偶像，又因有了刻版，古籍容易传布，见多自能识广，因此辨伪考证之风大兴，在整理方面开出了一个比较能客观研究的新境界。第三时期是清代，除了它的后期之外，一般学者的目标只是希望认识古代，既不想把古代的学术思想应用在当前的政治上，也不想把它应用在内心的修养上，而只是以周还周，以汉还汉，以宋还宋，洗刷出各个时代的本来面目；他们用了细密的手腕去搜罗材料，钩稽异同，其态度的谨严和在史料学上的成就都超过了汉、宋两代。只是他们太偏于客观主义，注重积聚材料而轻视理论，好像尽制砖瓦，不打建筑图样，自然也造不起房子来；结果流于烦琐细碎，使得人们怕去亲近。到今天，有了辩证唯物论和历史唯物论做我们一切工作的最高指导，我们接受了古人的遗产，就能用了正确的方法作全面的观察，更在缜密的计划之下来分工合作，这样充分自觉地精进，我相信，一部良好的中国学术史是不难出现的。有了这部完整的学术史，哪些是我们该吸收的古人的精华，哪些是我们该抛弃的古人的糟粕，就都明白地指示出来了。我这本小册子如果能在将来的学术史里贡献上一点参考资料，就不算我空费了在经学书里摸索多年的时间和精力。

可是，这本小册子终究是二十余年前的旧作，我绝不能因为它是旧作而加以原谅。现在看来，这册书里有着明显的错误。那时的我虽已知道应当从社会背景去解决问题，但因为没有学习马克思列宁主义，不能从两汉社会的经济基础来分析当时的政治制度与学术思想，这是违背历史唯物论的，是本书的根本缺点。再说，我对阴阳、五行的来源讲得太机械、太简单了，对于谶纬思想的怎么清除则一句也没有提到，好像这种思想是突然而来又突然而去的，这岂不是一种非历史主义的叙述。至于古代的宗教迷信都有其发生的原因，在它们的歪曲反映里都能见出其中含有真实的客观的东西，而决不是一概不值得一顾可以抛弃了事的。例如阴阳、五行，虽给方士和儒生们利用了它闹得乌烟瘴气，可是追本溯源，究竟它的本质含有素朴的唯物主义成分。我们祖国的古代人民长期观察物质世界的结果，知道世界上有正、反两种力量，叫它做阴、阳；有五种广泛存在的物质，叫它做金、木、水、火、土五行；物质与物质相接触之后会起着新生和灭亡两种作用，叫它做生、克：这种唯物的分析应当在我国科学史上占有重要的地位。又如谶纬，我虽敢说它十分之九是妖妄怪诞的东西，但终有它十分之一的可宝贵的资料，《尚书纬考灵曜》说："地恒动不止而人不知，譬如人在大舟中，闭牖而坐，舟行而人不觉也"，这不是触及了地球是在不断地运行这一客观真理，足以打破天动而地静的旧学说吗？这位一千九百年前无名的科学家的发现是多么该受我们的珍视！谶纬书里尚有这类的好材料，可见只要肯到沙砾中去搜寻自会拣到金子，决不该一笔抹杀。我在这书里，为了憎恨当时的统治集团的行为，过分强调了它的黑暗面，作下全部的否定，这不是非历史主义是什么！毛主席说："没有历史唯物主义的批判精神，所谓坏就是绝对的坏，一切皆坏；所谓好就是绝对的好，一切皆好。"（《毛泽东选集》第三卷第833页）我拿了这几句话来作自我批判，知道我必该好好地学习马克思列宁主义，并继续从事于两汉史的研究，才可以深入底里，发掘现在所不注意的材料，寻出现在所看不出的问题，然后方能正式写成一部《汉代学术史》，洗净了从前在不正确的观点和方法之下所发表的不正确的议论。

读者同志！我不敢请你们原谅我这本旧作，我深深地祈求你们：你们在里头见有错误的地方，请随时纠正吧！你们对于秦、汉时代的学术思想的看法和我有不同的时候，请随时见告吧！我如能依靠了群众的力量而达到比较正确的地步，那就是我的莫大的光荣了！我的通信处是北京中国科学院历史研究所。

顾颉刚

1954年12月3日

第一章　阴阳五行说及其理想中的政治制度

汉代人的思想的骨干，是阴阳五行。无论在宗教上，在政治上，在学术上，没有不用这套方式的。推究这种思想的原始，由于古人对宇宙间的事物发生了分类的要求。他们看见林林总总的东西，很想把繁复的现象化作简单，而得到它们的主要原理与其主要成分，于是要分类。但他们的分类法与今日不同，今日是用归纳法，把逐件个别的事物即异求同；他们用的演绎法，先定了一种公式而支配一切个别的事物。其结果，有阴阳之说以统辖天地、昼夜、男女等自然现象，以及尊卑、动静、刚柔等抽象观念；有五行之说，以木、火、土、金、水五种物质与其作用统辖时令、方向、神灵、音律、服色、食物、臭味、道德等等，以至于帝王的系统和国家的制度。

这种思想不知道什么时候发生的。依据现存的材料，阴阳说可说是最先表现于《周易》，五行说可说是最先表现于《洪范》。《周易》是筮占的繇辞，比甲骨卜辞为后起，当然是商以后的东西；而且在《周易》的本文中不见有阴阳思想，不过它的卦爻为—和--的排列，容易激起这种思想而已。《洪范》上的五行，说是上帝赐给夏禹的；但从种种方面研究，这篇书很可疑，大约出于战国人的手笔。所以这种思想虽不详其发生时代，但其成为系统的学说始自战国，似已可作定论。汉代承战国之后，遂为这种学说的全盛时代。

今先把在这种学说之下所发生的政治学说讲出三种，作为引子。

以前作天子的要“受命”（受上帝的抚有四方的命），要“革命”（革去前代的天子所受的天命）。到战国时，周天子渐渐在无形中消灭，用不着“革命”了；而群雄角逐，究竟哪一个国王可做天子还没定，所以“受命”说正有其需要。但那时已有五行说了，五行说已为最高的原理了，所以这“命”应是五行的命而不是上帝的命。那时有一个齐人邹衍，他作了好些书，其中一篇是《主运》，说做天子的一定得到五行中的一德，于是上天显示其符应，他就安稳地坐了龙位。他的德衰了，有在五行中得到另一德的——这一德是足以胜过那一德的——就起而代之。这样地照着五行的次序运转下去，成功了历史上的移朝换代。他创了这种学说，唤做“五德终始说”，很得当时的信仰，自然有推波助澜的徒众。他们以为黄帝得土德，天就显现了黄龙地螾（螾是大蚯蚓）之祥，所以他做了王，他的颜色是尚黄的，他的制度是尚土的。其后土德衰了，在五行中木是克土的，所以禹据木德而兴，他就得了草木秋冬不杀的祯祥，建设了木德的制度，换用了青色的衣物。此后汤以金德而克夏木，文王以火德而克商金，亦各有其表德的符应和制度服色。邹衍们排好了这个次序，定了五德的法典，强迫上代帝王各各依从了他们的想象，成了一部最有规律的历史。到秦始皇既并天下，他是应居于克周火的水德的，只是不见有上天的符应下来，因此就有人对他说，从前秦文公出猎时获得一条黑龙，可见水德的符应已在五百年前见了。他听了很高兴，就用了邹氏们的法典定出一套水德的制度：（1）以十月朔为岁首；（2）衣服和旌旗都用黑色；（3）数以六为纪，如符是六寸，舆是六尺，乘是六马；（4）行政刚毅戾深，事皆决于法；（5）更名黄河为德水。这是实行五德说的第一次。到汉得天下之后，当然也要来这么一套。

不知何时，起了一种与五德说大同小异的论调，唤做“三统说”。他们说：历代的帝王是分配在三个统里的，这三个统各有其制度。他们说：夏是黑统，商是白统，周是赤统；周以后又轮到黑统了。他们说：孔子看周道既衰，要想成立一个新统，不幸他有其德而无其位，仅能成为一个“素王”（素是空的意思），所以他只得托王于鲁，作《春秋》以垂其空文；这《春秋》所表现的就是黑统的制度。《春秋》虽是一部书，却抵得一个统，故周以后的王者能用《春秋》之法的就是黑统之君了。记载这个学说的，以董仲舒的书为最详。

照我想来，三统说是影戤了五德说的牌子而创立的。当汉高帝成功之后，他自以为始立黑帝祠而居于水德。这不知道他是否因秦的国祚太短而不承认为一德，要使自己直接了周，还是有别的用意？到文帝时，有人出来反对，说汉革秦命，应以土德代水德，丞相张苍就驳道：“河决金堤，就是汉为水德的符应。”此后虽因种种原因，改为土德，又改为火德，但在汉初的四十余年里是坐定了水德的。大约这个时期中讲《春秋》之学的有人对着五德说的流行颇眼红，就截取了它的五分之三，将汉的水德改成黑统，周的火德改成赤统，商的金德改成白统，使得五德说的法典都适用于这一说，见得他们立说的有据。只是夏在五德说中为木德，在三统说中为黑统，有本质上的冲突。但他们说：不妨，孔子志在“行夏之时”，所以《春秋》用的是夏时（？），即此可以证明夏和《春秋》是同在一个统的。

再有一种明堂说，说天子应当住在一所特别的屋子里，这屋子的总名叫做明堂，东南西北各有一个正厅，又各有两个厢房。天子每一个月应当换住一地方，穿这一个月应穿的衣，吃这一个月应吃的饭，听这一个月应听的音乐，祭这一个月应祭的神祇，办理这一个月应行的时政；满十二个月转完这一道圈子。这大院子的中间又有一个厅，是天子在季夏之月里去住的；另有一说是每一季里抽出十八天（所谓“土王用事”）去住的。这把方向的“东、南、中、西、北”和时令的“春、夏、口、秋、冬”相配，使天子按着“木、火、土、金、水”的运行去做“天人相应”的工作，真是五行思想的最具体的表现。记载这个制度的，叫做《十二纪》（《吕氏春秋》），又叫做《时则》（《淮南子》），又叫做《月令》（《礼记》）。

以上所说，今日的读者们切莫以自己的智识作为批评的立场，因为它的本质唯有迷信，已不足供我们的一击。但这是汉人的信条，是他们的思想行事的核心，我们要了解汉代的学术史和思想史时就必须先明白这个方式。

第二章　封禅说

古代的王者固然最信神权，但因王畿的狭小，四围又都是些小国家，已开化的和未开化的，不尽能交通无阻，所以他们并无远行的可能，也就不能到远处去拜神。《左传》中记楚昭王生病，卜者告诉他是河神作祟，应该去祭，他说："江、汉、睢、漳是楚国的'望'，才是应当祭的。河距我们远了，我就算有了错处，河神也管不着！"就不祭了。古代命国中的大山川为"望"，也命山川之祭为"望"。各国有各国的望，谁也不想越界去祭神。

春秋战国之世，齐和鲁是文化的中心，泰山是这两国的界墙。他们游历不远，眼界不广，把泰山看做了全世界最高的山，（连聪明的孔子也曾说："登泰山而小天下！"）设想人间最高的帝王应当到最高的山头去祭天上最高的上帝，于是把这侯国之望扩大为帝国之望，定其祭名为"封禅"：封是泰山上的祭，禅是泰山下小山的祭。他们又说：自古以来七十二代之君，当他们得了天下之后，没有一个不到泰山去封禅的。

最早记载这件事的要算《管子》，其中有《封禅篇》。但管仲为齐桓公成霸业，是齐国人崇拜的偶像，他的书全非自著而出于齐人的杂集；《封禅篇》又已亡，唯《史记·封禅书》载有管仲论封禅一段话或是从那篇抄出来的。今把它大意叙述一下，以见封禅在战国时的意义。

这上面说：桓公既霸，会诸侯于葵丘，想行封禅之礼。管仲提出抗议，道：“从前封泰山、禅梁父的有七十二代的帝王，我只记得十二个。从无怀氏、伏羲、神农……到周成王，都是受命之后才行这个礼的。他们那时候，嘉谷生，凤皇来，东海得到比目鱼，西海得到比翼鸟，有十五种不召而自至的祥瑞，然后封禅。现在有这种东西吗？”桓公自己知道没有这么大的福气，只得息了这个妄想。——这一说和五德终始说同出于齐人，亦同出于一个目的，就是希望受命的天子得到他的符应；不过得到了符应之后，五德说希望他定出制度，封禅说希望他到泰山去祭天，有些不同罢了。

第一个去实行这个学说的，也是秦始皇。他做了皇帝三年，巡狩郡县，带了齐、鲁的儒生博士七十人，走到泰山下。他已从“秦文公获黑龙”上证明了他的受命，当然要实行这个所谓自古相传的典礼。不幸封禅之礼虽说为旧章，究竟没有实际的根据，临到办事的时候，儒生博士便议论纷纷，得不到一个结论；有的还唱高调，以为只须极简单的礼节，扫地而祭就够了。始皇怒他们的不济事，把他们完全斥退，自己到泰山顶上去行封礼，又到梁父山去行禅礼；他的礼节大都采自秦国祭上帝时所用的。诸儒既不得参加这个大典，怨恨得很，恰好始皇走到半山碰着大风雨，躲在树下，就暗暗地讥笑他，以为犯了天怒。不久秦亡，这班儒者又造他谣言，说他给大风雨击坏了，或者说他没有到山顶就退下来了。

“泰山是世界上最高的山”，这是齐、鲁间人的信念。但始皇成了统一之业，到底眼界广了，他把全国的名山大川整理了一过。他以崤山——旧时秦国的门户——为界，定其东边名山五：太室、恒山、泰山、会稽、湘山；其西边名山七：华山、薄山、岳山、岐山、吴山、鸿冢、渎山。泰山的地位固然高，但也不过是十二个名山中的一个罢了。

汉高帝得天下，四面乱嚷嚷的，没有工夫做这种事。文、景时要安定人民，也不想做这种夸大的事。直等了六七十年，到武帝即位，这种学说才因投合了天子的脾胃而蓬勃地兴盛起来，司马迁特地作一篇《封禅书》来记它。

第三章　神仙说与方士

仙人，是古代所没有的。古人以为人死为鬼，都到上帝那边去；活的时候的君臣父子，到了上帝那边之后还是君臣父子。天子祭享上帝，常常选择其有大功德的祖先去配享他。所以鬼在人间的权力仅亚于上帝一等，不过在许多鬼中还保存着人间的阶级而已。古代的社会阶级森严，说不上有什么自由，人们也不易想到争取自由，因此，他们没有在意识中构成了一种自由的鬼，浪漫地游戏于人世之外，像战国以来所说的仙人。

最早的仙人史料，现在也得不到什么。只从《封禅书》里知道燕国人宋毋忌、正伯侨、羡门子高等都是修仙道的；他们会不要这身体，把魂灵从身体中解脱出去，得到了一切的自由。齐威王、齐宣王、燕昭王们都是他们的信徒，听得他们说，“渤海里有三个神山，名为蓬莱、方丈、瀛洲，山上的宫阙都是用黄金和银建造起来的，其中住着许多仙人，又藏着一种吃了会不死的灵药”，高兴极了，屡次派人到海里寻去。不幸这班人回来报告，总是说：“三神山是望到的，好像云一般地灿烂；但是船到了那边，这些神山就沉到水底去了，海风也把我们吹回来了！”在这些话里，可以知道仙人是燕国的特产，这风尚及于齐国；仙人的道是修炼来的；仙人的居地在燕国东边和齐国北边的渤海；仙人的生活是逍遥出世，只求自己的不死，不愿（或不能）分惠与世间人，使他们都得不死。

此外，《庄子》里说的“真人”也颇有仙人的意味。这书讲普通人的呼吸都在喉咙里，真人的呼吸却在脚跟上。真人的本领，会入了水不湿，入了火不热。有一位列御寇能腾空走路，常常很舒服地御风而行，一去就是半个月。藐姑射山上住着一个神人，他的皮肤好像冰雪一样白，他的神情好像处女一样柔和；他吸的是风，饮的是露；他出去时，乘了云气，驾了飞龙，直到四海之外。

这种思想是怎样来的？我猜想，有两种原因。其一是时代的压迫。战国是一个社会组织根本变动的时代，大家感到苦闷，但大家想不出解决的办法。苦闷到极度，只想“哪得躲开了这恶浊的世界呢”。可是一个人吃饭穿衣总是免不了的，这现实的世界紧紧跟在你的后头，有何躲开的可能。这问题实际上既不能解决，那么还是用玄想去解决罢，于是“吸风饮露，游乎四海之外”的超人就出来了。《楚辞·远游》云：“悲时俗之迫厄兮，愿轻举而远游。质菲薄而无因兮，焉托乘而上浮。免众患而不惧兮，世莫知其所如。”正写出了这种心理。其二是思想的解放。本来天上的阶级即是人间的阶级，而还比人间多出了一个特尊的上帝，他有最神圣的地位，小小的人间除了信仰和顺从之外再有什么敢想？但到战国时，旧制度和旧信仰都解体了，“天地不仁”、“其鬼不神”的口号喊出来了，在上帝之先的“道”也寻出来了，于是天上的阶级跟了人间的阶级而一齐倒坏。个人既在政治上取得权力，脱离了贵族的羁绊，自然会想在生命上取得自由，脱离了上帝的羁绊。做了仙人，服了不死之药，从此无拘无束，与天地相终始，上帝再管得着吗？不但上帝管不着我，我还可以做上帝的朋友，所以《庄子》上常说“与造物者（上帝）游”，“与造物者为人”。这真是一个极端平等的思想！有了这两种原因作基础，再加以方士们的点染、旧有的巫祝们的拉拢，精深的和浅薄的，哲学的和宗教的，种种不同的思想糅杂在一起，神仙说就具有了一种出世的宗教的规模了。

鼓吹神仙说的叫做方士，想是因为他们懂得神奇的方术，或者收藏着许多药方，所以有了这个称号。《封禅书》说“燕、齐海上之方士”，可知这班人大都出在这两国。当秦始皇巡狩到海上时，怂恿他求仙的方士便不计其数。他也很相信，即派韩终等去求不死之药，但去了没有下文。又派徐市（即徐福）造了大船，带了五百童男女去，花费了好几万斤黄金，但是还没有得到什么。反而同行嫉妒，互相拆破了所说的谎话。其中有侯生、卢生二人，不满意于始皇的行为，以为不值得替他求仙药，他们就逃走了。始皇对于这班方士久已不怀好感，听得了这件事，就大发雷霆，骂道：“我用了许多文学方术之士，为想兴太平，求奇药。现在得不到一点效验，反而说我坏话，摇惑人心，这样的可恶，还不应当重重治罪？”他把养着的儒生方士都发去审问，结果，把犯禁的四百六十余人活葬在咸阳：这就是“坑儒”的故事。当时儒生和方士本是同等待遇，这件事又是方士闯下的祸，连累了儒生；后人往往把这件事与“焚书”作一例看，实在错误。焚书是初统一时的政治使命，坑儒则不过始皇个人的发脾气而已。

在汉初，这班方士似乎没有什么活动。只有赵人新垣平玩弄许多花样。他因望到五采的“神气”而劝文帝立渭阳五帝庙，候着太阳的再中而劝文帝更以十七年为元年，又以望见“金宝气”而劝文帝祭祀出周九鼎；但没有韩终、徐市这样劝文帝到海中去求不死之药，这或者因为他是赵人而非燕、齐人的缘故。文帝到底不是喜欢张扬的，后来识破他的欺诈，立刻把他杀了。

第四章　汉代受命改制的鼓吹与其实现

自从秦始皇听了齐人的话用邹衍的法典去改制度、易服色，又听了齐、鲁儒生的话到泰山去封禅，表明了这是一代受命有天下的大典，汉代的皇帝就不该不这样办。不料高帝因秦有青、黄、赤、白四个上帝之祠而没有黑帝祠，给他补上，算作符瑞，仍自居于水德，制度服色一仍旧贯；而且全国的东部分封了许多王国，天子不便到泰山去，连这一件轻而易举的封禅之礼也没有举行。这真把一班计划开国规模的儒生和方士急死了。加以这种学说既已风行，仿佛成了社会上的共同的信仰与要求，所以连一班准备看热闹的人们也等得不耐烦了。

于是有人屡屡提出这个问题来，督促天子去实行。第一个是贾谊，他以为汉承秦后，当为土德；他就打起一个土德制度的草案来，色尚黄，数用五，改正朔，定官名，把秦的水德之制一切改过。然而他年轻，许多老臣瞧不起他，又怕他擅权，他们设法把他撵走了。第二个是鲁人公孙臣，他也以为汉是土德，预言将有黄龙作它的符应，当时虽遭张苍的反对，但隔了一年（文帝十五年），黄龙居然出现于成纪孙，于是文帝信他的先见之明，任他为博士，叫他和诸儒同草这一个学说的新制度。新垣平大约也是其中的一个，后来他一被诛，这件事又搁下了。

到武帝即位，那时汉兴已六十余年，天下太平，家给人足，许多耆老都殷殷地期望他封禅和改制。恰好他是一位好大喜功的皇帝，又凭着汉家全盛的时代，哪一件事不好做，所以他就招了赵绾、王臧一班儒者作公卿，要在城南立明堂以朝诸侯，又草巡狩、封禅、正朔、服色诸种制度。他们因为这事重大，举荐他们的老师申公作指导，武帝很敬重他，派人用安车驷马迎了来。这事眼看成功，想不到武帝的祖母窦太后喜欢老子之言而不爱儒术，借一点小事把赵绾、王臧下了狱，他们都自杀，一切举办的事情也就全付了东流！

到武帝建元六年（公元前135年）窦太后去世。只过了半年，武帝就举孝廉，试贤良，董仲舒一班人受了他的特达之知，以前的计划又有施行的可能了。只因此后十余年中，忙于征伐匈奴及南越等国，讲不到文治，所以济北王虽早把泰山献了出来，也没有实行封禅。到元封元年（公元前110

年），他才决定到泰山去，可是他身边的一班儒者依然像一百年前地不解事：他把祭器给他们看，他们说和古代不一样；问他们古礼究竟怎样，他们也说不出一个所以然来，并且各个人说得都不同。武帝到这时候，禁不住发出秦始皇一般的脾气了，就把他们全都黜免，用了祭泰一（上帝）的礼去封泰山，又禅于泰山下的肃然山。祭的时候，叫人把远方的奇兽珍禽放了满山，好像真来了管仲所说的麒麟、凤凰等一大套。那几天天气很好，没有风雨，显见得他的福命比始皇强。礼毕之后，他坐在明堂，受群臣的更番上寿。于是下诏改元为元封。此后，他又曾修封过四次。

这一次，从汉代人看来，它的含义真重大。那时司马迁的父亲司马谈任职太史令，不知为了何事留在洛阳，不得观礼，心中一气，病重了。他临终时，握着儿子的手，一边哭，一边说："今天子上接千岁之统，封泰山，这是怎样的盛事，而我不得跟了去，这是命罢！这是命罢！"生在二千年之后的我们，读到这段话，还可体会到他的信心与伤心。即此可知武帝的大事就是当时统治阶级以及受着统治阶级麻醉了的人们所共同要求的大事呵！

又过了五年（公元前104年），他正式宣布改制：定历法，以正月为岁首；服色尚黄；数用五；官名的印章改为五字。这年改元太初；十一月甲子朔旦冬至。一百年来的悬案，到此方因运动的成熟而实现；而其以建寅之月为正月，直到辛亥革命后才改用了阳历，这不仅是汉家一代的制度。这件事是司马迁等鼓吹起来的，新的历法也是他和几个天文学家合定的。他做了这件事，高兴得跳起来，以为周公卒后五百年而有孔子，定出了许多制度；孔子卒后五百年而有他，又定出了许多制度；他真可直接孔子的道统了，所以就在那一年，开始作《史记》以继《春秋》。改制对于学术的刺激力有这样的强烈！

不过我们要问：秦为水德而尚黑，汉为土德而尚黄，这是照着五德说的；但秦以建亥为正月，汉以建寅为正月，并没有相承的次序，这为什么呢？推究起来，这一回的改制实在不出于一个系统，他们是用五德说易服色而用三统说改正朔的，因为在三统说里，汉是黑统，黑统建寅。可是我们与其说他们用了三统说而改正朔，似乎倒不如说在实际上早有把建寅之月定为正月的必要，所以三统说中才把汉朝预先排成了黑统。当汉初百年中，所用的《颛顼历》太不适于实用了，弄得每逢晦朔见了月亮，上弦下弦见了团圆的月亮，民众们早已厌恶，经师们亦有“孔子传《夏小正》”及“孔子用夏时作《春秋》”等传说，希望改得与夏历一致；而这次的改正朔也并不轻易，乃是唐都、落下闳等一班天文学家精密推算的结果，是有客观的根据的。不过在那时的思想潮流中，不涂上阴阳五行的色彩总行不通，所以三统说的改变五德说而主张汉当建寅，说不定即是为了完成这个使命。从此之后，汉是确定为土德了。

第五章　汉武帝的郊祀与求仙

秦始皇统一中国之后，令群臣议称号。他们答说："古时有天皇、地皇、泰皇，其中最贵的是泰皇。我们敬请以'泰皇'为尊号。"始皇听了他们的话的一半，把这三皇合于五帝，定尊号为"皇帝"。这三皇是些什么样的人物，从哪里来的，古书里找不到记载，我们无法知道。

汉武帝即位，受了方士李少君们的诱引，很喜欢祀神求仙。其中有一个亳人谬忌，他请求祭祀泰一，大意是："天神最贵的为泰一，他以五帝为辅佐。古来的天子都在东南郊建坛祭他，日子是春秋两季，祭品是每天一具太牢，一连祭上七天。"武帝听了他，就令太祝在长安城的东南郊立了一座泰一坛，照这说法去祭。此后又有人上书，说："古来的天子每三年祭一回三一；这是三个最高的神：天一、地一、泰一。"武帝又照办了，在泰一坛上一块儿设祭。——看了这两件事，就可以知道秦的三皇即是汉的三一，他们是天神，地位在五帝之上的。这种天神，无疑地发生于阴阳说：天一是阳神，地一是阴神，泰一更在阴阳之前，为阴阳所从出，所以谓之最贵。《易传》里说，“易有太极，是生两仪”。泰一便是太极，天一和地一便是两仪。至高无上之谓泰，绝对不二之谓一，本来是一个哲学里的名词，却给宗教家取去作为神灵的称号了。从此以后，泰一就是上帝之名，上帝就是泰一之位，终汉一代再也分不开来。

元狩三年（公元前120年），齐人少翁得了武帝的信用，在长安西北的甘泉山筑造离宫，画了天、地、泰一诸神，时时拜祭，要使武帝和神灵通话，不幸没有成功。后二年，武帝大病。那时有一个上郡的巫在甘泉宫内祠着神君，他的通话的试验成功了，于是他传达神君的话与天子，说道：“病是就会好的，不必怕；等您身体健旺些时，就来会见我们罢！”人竟能亲接神，这是何等的幸福！武帝心中一高兴，病已好了一半；及到甘泉，居然恢复了健康。神君数目甚多，其中最贵的是泰一；时去时来，来时风声飒然。神君在帷幕中说话，声音和活人一样；说话的时候多半在晚上。天子斋戒而入，听得很有味，虽则他们所说的都是些平常的话语。这时，甘泉就成了一个宗教的中心了。到元鼎五年（公元前112年），武帝即在甘泉立起泰畤坛，样式同谬忌的泰一坛差不多，共三层。五帝是泰一的辅佐，所以他们的坛环绕在下面，青、赤、白、黑四帝各按照了五行说中的东南西北的方向；只有居中的黄帝没法办，便把他的坛安置在西南角上。祭的时候，杀一白鹿，把猪和酒装在它的肚里；又杀一白牦牛，把白鹿装在它的肚里。掌祭泰一的祝宰穿的是紫色衣，掌祭五帝的分穿了青赤诸色衣。又祭日和月：祭日的穿赤衣，祭月的穿白衣。这年十一月初一是冬至，趁这好日子，天子就于黎明时行郊礼，对泰一下拜。早晨祭日，黄昏祭月，因为它们的地位都不高于天子，天子都只长揖。明日，有黄气上冲；群臣鼓舞，以为这是上天的祥应。后来武帝在汶上造了明堂，也把泰一和五帝祀在堂上。五帝分司五个天，泰一做他们的总管。战国时破坏的天上秩序，到这时又建设起来了。

周代的祭礼有郊有社：郊以祭上帝，社以祭后土。所以春秋时人设誓，常称“皇天后土实闻此言”，见得天帝和地神是最大的两个神。汉得天下之后，没有祭祀后土，确是一个缺典。因此司马谈等请求在泽中立后土坛。元鼎四年（公元前113年），武帝巡幸到汾阴，听说汾水旁边有光腾起，像一匹红纱似的，他想起了司马谈的请求，就在那边立了一座后土祠，祭礼和郊祀上帝时一样。于是天地之祀有了固定的地方，祭天在国都西北的甘泉，祭地在国都东北的汾阴，都要走二三百里地。好在武帝喜欢旅行，为了祭祀跑许多路，在他是不觉得累的。

武帝一世里，方士们的奇迹与丑相都显露得不少。他们的工作大概可以分成下面几类。其一是召鬼神，如武帝所爱的李夫人死了，他思念甚苦，少翁能把她的魂灵摄来，让他在帏中望见。其二是炼丹沙，如李少君说的祠宠之后，丹砂会得变为黄金，把这黄金作为饮食器可以益寿求仙。其三是候神，如公孙卿到名山寻访仙人，有一天夜里在东莱见有长数丈的大人，迎上去已不见，留下了很大的脚印。至于入海求蓬莱、指山说封禅的也是很多。但方士口中的封禅的意义和儒者是不同的。儒者为的明受命，他们为的求不死。所以有一个申公（不是议明堂的那一个）说："封禅之后就会白日飞升。以前的七十二王，只有黄帝是得上泰山的。因为他封得成，所以他铸好了鼎，就有垂着须髯的龙下来迎接他上天。当时黄帝跨了上去，许多臣子和宫女想升天的也各各爬在龙的身上，挤到七十余人再也挤不下了；剩下的人只得攀住了龙髯，可是龙髯不是铁链，支持不起，髯脱了，人也跌下来了。"武帝听得这故事，叹息道："唉，我要能和黄帝一样，还有什么人世的留恋呢！"过了些时，他巡狩朔方，经过桥山，瞧见黄帝的冢，不禁疑惑起来。旁边的方士赶快解释道："黄帝上天了，群臣在这里葬了他的衣冠！”

武帝求仙求了五十年，用了许多方士，又杀了许多方士，甚至把自己的女儿嫁给方士，然而不死之药究竟得不到。无可奈何地自慰，他只有在建章宫北面的太液池内筑了几个岛，唤做蓬莱、方丈、瀛洲，雕刻了许多石鱼、石鳖排列在上面，算是真到了海上神山。

因为他的求仙和封禅都和山有关系，所以天下名山又经过了一回整理。那位讲黄帝故事的申公曾说：“天下有八个名山，三个在蛮夷，五个在中国。这中国的五个名山，是华山、首山、太室山、泰山、东莱山，都是黄帝常游的地方，他就在这些山上和神灵相会。”用现在的地域说来，华山在陕西，首山在山西，太室在河南，泰山和东莱在山东，都在黄河流域，并不曾按照汉代的疆土平均分配。所以武帝另行规定，以河南的太室为中岳，山东的泰山为东岳，安徽的天柱山为南岳，陕西的华山为西岳，河北的恒山（在保定西）为北岳。这又是五行思想的具体表现。从此“五岳”成为一个典则而且习用的名词。经学家为要提高它的地位，就说为尧、舜时已有的制度。但安徽并不很南，所以后来又改以湖南的衡山为南岳。山西浑源县本有一个玄岳，明代定岳制，以玄岳为北岳，于是恒山也从河北移到山西去了。到现在，我们所习惯称道的“五岳”就是这个武帝的五岳的修正本。

还有一个重要的制度也是从武帝的封禅和求仙来的。大家知道，中国的皇帝有年号，这种风气传到邻邦，使得朝鲜和日本等国也有了年号。这事的创始，由于武帝的获麟。当他即位十九年（公元前122年），到雍县祀五帝，乘便打猎，获得一匹兽，它的毛是纯白的，头上却只有一个角，大家不识得，猜想应是麒麟，于是作一篇《白麟之歌》来记这盛事，后来群臣请定这一年为“元狩”元年。倒推上去，把过去的十八年划为三段，定第一个六年的年号为“建元”，第二个为“元光”，第三个为“元朔”。又过了六年（公元前116年），汾阴县掘得一个大鼎，武帝又认作祥瑞，迎至甘泉，改元为“元鼎”。再过了六年（公元前110年），他到泰山封禅了，改元为“元封”。再过了六年（公元前104年），他改正朔、易服色了，又改元为“太初”，这新定的历法也就称为《太初历》。从此以后，每个皇帝必有年号，逢到了什么祥瑞也就改元。例如汉宣帝的“黄龙”、“神爵”（爵即雀），吴大帝的“嘉禾”、“赤乌”，都是一时张扬的奇迹。可是这个制度虽由迷信来，究竟年代有了标题，于实用上甚是便利。别的不用说，即如周代器物当刻“唯王……年”，后人既不知道这王是哪一王，就不知道这年为哪一年；有了年号，一看便明白了。

第六章　天象的信仰与天变的负责者

古人相信天上有上帝管着人间的事，表现他的最高的权力。然而上帝是无声无臭的，有什么东西可作为他的具体表现呢？他们想，天上有日月星，是我们瞧得见的，日月星的变动应该就是上帝的意思吧，所以他们就把天文的现象当作上帝对于人间的表示。一部《春秋》，每年记载人事总是寥寥的几条，而“日有食之”却共记三十六次。所以要这样，正为这是天变，是天降祸患与人们的预示，比了一切的人事都重要。因此，当每次日食，天子和诸侯都要减掉好吃的饭菜，又要从正寝里搬出来；百官改穿素服，乐官在朝中打鼓，祝官在社神前献币，史官代他的主子作了册文，责备自己。此外星辰之变，《春秋》中记载亦多，如“恒星不见”、“星陨如雨”、“有星孛入于北斗”、“有星孛于大辰”等都是。他们把天上的星分做几区，又把天上的区域拍合到地上的国家，所以哪几个星变了就是哪几个国该遭殃了。这种学说，后来叫做“分野说”，也有各种不同的说法。

司马迁曾经发过一句牢骚，说“文史星历，近乎卜祝之间”，即此可知当时的史官必须懂得星历。司马迁说星历和卜祝相近，这话很对，因为星历和卜祝本来拆不开。我们看他作的《天官书》，简直把天上的星写成了一个国家：人的方面有天王、太子、庶子、正妃、后宫、藩臣、诸侯、骑官、羽林天军；屋的方面有端门、掖门、阁道、明堂、清庙、天市、车舍、天仓、天库楼；物的方面又有帝车、天驷、枪棓、矛盾、旌旗之属。至于星辰示象，如南极老人星见则治安，不见则兵起；岁星色赤则国昌，赤黄则大穰，青白而赤灰则有忧；狼星变色则多盗贼；附耳星摇动则谗臣在侧；木星犯了土星要内乱；火星犯了土星要战败……这种法则也讲得很多。总之，史官们把天上的星辰组成了一个系统，又把天与人的关系组织为一个系统，使得天人之间发生了密切的感应。他们很用心观天（刘向常夜观星宿，不寐达旦。经学家如此，天文家可知），看见天上有一些变动时，就以为人间将有某事发生，并推测它将应验于某人。如其是凶的，就要行他们的禳解的法术。

古代的国王和诸侯都兼有教主的职务，负着以己身替民众向天神祈免灾患的责任。古书里常提起汤祷旱的故事，说汤的时候大旱了七年，于是汤以自身为牺牲，到桑山的树林中祈祷。他剪了发和爪，投身在柴上，要把自己烧死。天哀怜他，就下雨了。遇到国君不肯牺牲自己的时候，也可设法使臣下代负这责任。就如上面讲过的拒绝祭河神的楚昭王，他临死的一年，忽然天空中的云像许多赤色的鸟，夹住了太阳飞舞，一连显现了三天。太史对他说："这个祸患固然应由国王去担当，但请您不要害怕，只要禳祭一下，还容易移于几个大官；像令尹啊，司马啊，都是代替得您的。"可是这位硬性的昭王竟毅然地答道："我倘使没有大过，天为什么要使我死！我如真的有罪，应当自己受罚，又为什么要害我的股肱之臣！"他挺身承受了这个祸患。

到了汉代，由于战国时自由批评的反动，对于神的信仰增高，这种思想又复盛极一时。文帝二年（公元前178年）十一月三十日日食，他下诏书道："我听说：天生了百姓，就为他们立君；如果这个君的德行不修，或政治不明，违背了立君的本意，天就要用灾象来警戒他。现在天下的治和乱，都在我一个人的身上。不幸我不能尽我的教养人民的责任，以致掩蔽了日月的光明，我的过失真大极了！你们应当把我的错处都说给我听，并举出贤良方正和能直言极谏的人来匡正我才是！”十三年（公元前167年），他废掉秘祝之官，为的是他们在禳解时常把灾害移给臣下。明年，他又因祠官的祝福专为皇帝而不为百姓，令其停止祈祷。在这种地方，都可看出他的责任心不亚于楚昭王，所以不愿享福而但愿受过。

后来的皇帝没有他这样的好心了，天变的责任只得请丞相担负了去。当元帝永光元年（公元前43年），春霜夏寒，日青无光，丞相于定国就缴上侯印，自劾而去。薛宣做了丞相，恰逢到永始二年（公元前15年）的陨星和日食，成帝就给他一个册书，说道："灾异数见，秋收又不好，这都是你做了丞相的缘故。快些把印绶解了罢！"他走了之后，继任的是翟方进，为相九年，没有出什么岔子。不料绥和二年（公元前7年）荧惑星守住了心星，其凶应在皇帝。有人上书，撺掇成帝让大臣去担当。他听信了，也就发下册书，把翟方进重重地骂了一顿；并赐给他酒十石，牛一匹，作他最后的餐食。他只得即日自杀了。成帝看他做了自己的替死鬼，未免有些不忍，所以对于他的饰终典礼非常优异。很不幸的，丞相二月自杀，皇帝就于三月寿终了，并没有达到替灾免晦的目的，翟方进只算得白死！

因为有了这件故事，所以《汉仪注》里就规定了一条惨酷的法典，是：天地有大变时，皇帝派侍中持了使节，乘四匹白马，带着尊酒十斛，牛一头，到丞相家，把这殃咎告知他。侍中走到半路，丞相即上书告病。侍中回朝，还没有覆命时，尚书就把丞相的死讯报与皇帝。——这个制度虽没有使用过几回，但此后逢着天变把丞相免官还是常事，就是不当权的也往往免不了这个责任。商汤和汉文帝之风真是“敻乎尚矣”！

第七章　灾异说和西汉的国运

上一章所讲的是商、周到汉代对于灾异现象的观念及其反应。在这一点上，汉人是完全承受商、周的思想的。但他们毕竟有比商、周进步的地方，就是用了阴阳五行的学说来整理灾异的现象，使它在幻想中成为一种极有系统的学问。

司马谈曾批评阴阳家道："他们依据了阴阳、四时、八位（八卦的方位）、十二度（星的十二次）、二十四节气，定出许多教令，说：顺着这教令的会昌盛，逆着的会死亡；这未免使人太多拘牵和忌讳。但春生、夏长、秋收、冬藏，本是自然的法式，人事的纲纪，他们要人家遵循这个次序是不错的。"看《汉书·艺文志》，列在阴阳家的有邹衍、邹奭、南公、张苍等人，可惜他们的著作全已失传。犹幸散见各书的五德终始说的资料可以辑出，又有一部完全的《月令》可以借鉴，现在还能知道它的一个约略。我们可以说，自从有了阴阳家之后，天象和人事经过一番系统的整理，比了商、周时代的灾异观念精密多了。

一部《月令》，虽是说得呆板可笑，但它的中心观念只是“春生、夏长、秋收、冬藏”八个字。阴阳家以为春天是万物生长的时候，一切的政治和人事都应向了生长方面进展，使得可以增加自然界的动作的力量。所以在那时候，向来关闭的地方要打开，刑罚要停用，犯人的桎梏要解除，伐木和打猎要禁止，让人和物各得欣欣地生长。一到秋天，造物者降下一股肃杀之气，草木随着黄落，国家也就可以出兵打仗、行法杀人了。他们立说的宗旨，只是希望“天人合一”。他们要使春天像个春天，也要使春人像个春人；因此，他们对于反常的时令非常害怕。他们说：倘使孟春行了秋令将有大瘟疫，仲春行了冬令将大旱，季秋行了冬令将多盗贼，孟冬行了春令将多流民，仲冬行了秋令将有大兵灾。这类的话很多，一时也说不尽。总之，这个灾异说的系统是建立于时令反常上的。

《尚书》里的《洪范》，它把人事的“貌、言、视、听、思”和天气的“雨、旸、燠、寒、风”合在一起。它说：国君的貌正了，雨就会照着时候，不多不少地降下来了；倘若不正，这雨也就降个不歇，成了淫雨。其他言和旸，视和燠……也都有这样的关系。《洪范》的宗旨和《月令》一样，要使应该下雨的时候下雨，应该刮风的时候刮风，得其时，亦得其正，本来是一个平正的意思。但它以为天气都和君主的一举一动有关，这却是一个神秘的排列式了。到汉代，更把这篇文字放大为《洪范五行传》（编入《尚书大传》中），说貌如不正，不但有淫雨之灾，还会有服妖，有龟孽，有鸡祸，有青眚、青祥，有下体生在上身的病；其他四种也有这类的怪现象。后来刘向和他的儿子刘歆各把古来祸福之事分派到各类，著了一部十数卷的灾异史；班固录入《汉书》为《五行志》。这种灾异说的系统又是建立于君主的态度不正上的。

因为他们的学说有这样的精密，所以发生的影响亦是异乎寻常，造成了商、周时所不会有的事实。

却说武帝之世正值汉家全盛时代，先朝积蓄了六七十年的财产，给他在五十年中郊祀、求仙、巡狩、封禅，加以四方的征伐，花费个干净。到用尽之后，只得立下许多苛捐杂税，维持他的奢侈惯了的生活。因此弄得人民筋疲力竭；再碰着荒年，竟至赤地数千里。人们怨恨之余，不禁发生了五德说下的希望。这就是说，汉的气运尽了，该有新受命的天子起来了！昭帝元凤三年（公元前78年），泰山下一块一丈五尺长的大石忽然自己站起，上林苑中一株卧地的枯柳也自己站起。有一位《春秋》学家眭弘推说其意，以为石和柳都是阴类，下民之象，而泰山乃是帝王受命封禅的地方，可知将有新天子从匹夫中突起；汉帝应即寻求贤人，把帝位让给他。但尧、舜禅让的事本是一种传说，既做了皇帝，还哪里会让呢，所以眭弘就以妖言惑众之罪伏诛了。

京房是专治《周易》的，他曾想出一种卜法，把六十卦的三百六十爻，以一爻值一日，又把剩下的“震”、“离”、“坎”、“兑”四卦分主二分二至，这样恰恰是一年；更以当时的风、雨、寒、温的气候定所卜的吉凶。有一天，元帝召见他，他乘机进言道：“《春秋》一书，记二百四十二年中的灾异，给万世之君看个榜样。现在自从您即位以来，日月失了明，星辰逆了行，山崩了，泉涌了，地震了，石陨了，夏天有霜，冬天有雷，春凋叶，秋开花，《春秋》所记的灾异一齐见了。请您自己想想，到底是治是乱？”听到这话，元帝也只得叹一口气道：“实在是乱极了，再有什么说的！”这话在当时确是动听的。但试想，汉的疆域有多大，这样大的地方，地文上不当有些变态吗？这种事，武帝时何尝没有，只是那时的社会正沉醉在祯祥的空气里，大家不提罢了。

谷永是继承京房之学的。永始二年（公元前15年），有黑龙见于东莱，成帝派人去问他。他答道：“汉家行夏正，色尚黑。黑龙是同姓之象，恐怕本族中人有举兵谋反的。”唉，这条黑龙若出在文帝前，岂不成了汉的水德的符瑞？就是出在武帝后，也何尝不是汉的黑统的符瑞？为什么成帝时出来了，就不成祥瑞而反为灾异呢？这种话固然不真实，但的确反映了一个动摇不安的社会在后头，在这个社会里，大家觉得汉的国运是快完了。可是那时既没有内乱，也没有外患，怎样可以把汉家灭亡，倒是一个不易解决的问题。

在这沉闷的空气中，有一个齐人甘忠可造了一部《包元太平经》，说："汉家的气运固然完了，但上帝的意思还许他第二次受命；因此，他派了赤精子下来，传与我这部书。"这天开的异想，可算是一个转圜的办法。不幸因为刘向不赞成，把他下了狱，就病死在狱里。后来哀帝即位，甘忠可的弟子夏贺良继续鼓吹，居然成功：哀帝就宣布再受命，大赦天下，改元为太初元将（公元前5年），改号为陈圣刘太平皇帝，这衰颓的旧国似乎得到一种新生命了。不料夏贺良等志得意盈，就想夺取政权，斥去旧时的三公，为人所嫉忌，不到两月，哀帝把他杀了，这再受命的滑稽剧便一霎时闭了幕。

换一个人受命罢，没有这个人。汉家再受命罢，也做不成功。维持下去罢，灾异说已把汉家的天位在精神上打倒了。进既不可，退又不能，统治阶级及受其麻醉的人们都在这个僵局之下徘徊观望。

第八章　黄老之言

中国的上古史，说它长也真长。看传统的史书，从夏禹到现在有四千年，从黄帝到现在有五千年，从三皇到现在约有十万年，再前一点就是开辟天地的盘古氏了。照这样说，自从有了天地就有我们的历史记载，从此不曾断过，真是极大的光荣。可是我们翻开东周以前的书，其中只有称说夏、殷，夏以上就一字不提，这为什么呢？记孔子之言的《论语》、墨子之言的《墨子》、孟子之言的《孟子》，提到夏以前了，但也只有尧、舜。因此，儒家编集的《尚书》就托始于《尧典》。尧以前有无帝王，这问题是没人提起的。看孟子说的“当尧之时，天下犹未平，洪水横流，泛滥于天下，草木畅茂，禽兽繁殖，五谷不登，禽兽逼人”，仿佛尧的时候还是洪荒初启，尧以前不能再有别的帝王，就使还有也是无从知道的了。但稍后于孟子的邹衍，他的历史说就从当时直序到黄帝，再推至窈窈冥冥的天地未生之际，可见他以为黄帝是尧、舜以前的帝王，历史记载的开头。这一变便使上古史换了一个新面目。司马迁作《史记》，列《五帝本纪》于《夏本纪》之前，而以黄帝为其魁首，黄帝的历史地位就益加巩固，直到如今不会动摇。

但是为了儒家的孔、孟都不提黄帝，他们的经典《尚书》也没有叙述到尧以前，所以黄帝在儒家中是不占势力的。至于阴阳家、道家、神仙家、医家、历家……都常说起黄帝，而且把他看做教主，因此他竟成了一个极伟大的偶像，由他开创了中国的全部文化。依我想，这完全是时代因缘的凑合。假使他的传说发生得早些，自会成了儒、墨二家崇拜的对象。假使尧、舜的传说发生得迟些，那么也就会变为“百家言不雅驯”的箭垛。这立言的诸子何尝像我们这样用功研究古史，他们只是拉了一个当时认为最古而且最有力的人作为自己的学说的保护者而已。黄帝是怎样一个人物，或只是天上的五色帝之一，或者有别的背景，均不可知；但他的传说普及于学术界是战国末年的事，其发展直到西汉，则是一个极明显的事实。所以我们如果研究黄帝，切勿以为所研究的是夏以前的史，而应当看做战国秦汉史，因为他的传说只是战国、秦、汉间的思想学术的反映，只是表现了战国、秦、汉间的文化。

老子，名聃，说是周朝的史官，作有《老子》一书，又名《道德经》，他在学统中的地位正像黄帝在帝统中的地位一样高。大家说：他是孔子的老师，他是先秦诸子中的第一个，他是道家的开创者。因为作师的老子开创了道家，他的弟子孔子开创了儒家，所以一向公认道家在儒家之前。可是到了现在，我们从种种方面研究，都得到相反的结论：老子这个人必在孔子之后，《老子》这部书又在老子之后；老子不是道家的开创者，道家的成立又远后于儒家。这些结论的理由复杂得很，现在我们且不谈考据，先讲一讲孔子以来的学术界的情形。

学者们的思想不是顺着时代就是反着时代，孔子是反时代的一个人。他在世时候，旧式的社会组织已渐崩溃，他目睹“君不君、臣不臣”的样子非常生气，所以提倡“正名”和“礼治”，要维持旧制度，又改良旧制度。他造成了一个新学派（这学派后来唤做“儒家”），常把旧制度加上自己的理想来鼓吹和演习。他又因宗法组织将连带崩溃，所以提倡孝道，说父母生时应怎样的奉事，死了要怎样的丧葬，借着亲子的感情作维持它的工具。后来列国内外吞并愈烈，成年的打仗，残余的贵族又奢侈得厉害，人民陷于水火之中；如何可以作迫切的救援，这一点就不是儒家所能负的使命。所以墨子起来，打破孔子的维持旧制度的政策，直接痛快，主张“兼爱”以毁灭宗法组织，主张“尚贤”以破坏世族专政。他不要什么带有贵族性的礼乐，只要一般平民都有饭吃，可以过他们的正当生活。他四面奔跑，劝止战争，简直只看见人民，忘记了自己。但不久出来一个杨朱，他对于救世问题又换了一种看法。他觉得世界之所以乱都由于心的外骛，一个人的欲望是永远填不满的，不幸大家要求尽量的满足，就激起了许多斗争。他以为人人肯不夺别人所有以利己，也不让别人夺去自己的所有，那时世界就太平了。他以为墨子固然一团好心，但只见别人而不见自己，这也算是骛外，和纵欲的人有同等的弊病，所以他主张保全自己的精神和形体，不受外物的引诱，拔一根毛去利天下人是不做的，把天下的东西来供一己的使用也是不取的。他的主义就称为“为我”。在那时，孔、墨、杨三派鼎足而峙：一派主张复古，一派主张舍身救世，一派主张舍世救身。

既已三派分立，叫后来的人何所适从呢？于是起来了一个孟子。他的生地极近孔子，早受了儒家古礼的熏陶；他遭逢的时势比墨子更坏，也感染了墨家救世的风气。他倡导一种主义，称之为“王政”，到新近称王的几个国家去，对国王说：“你们称王不是想统一天下吗？须知要达到这个目的，非先行我所说的王政不可。”他的主义没有什么特别的，只是想限制贵族的权利，使平民都有温饱的生活可过；又要使德行最好的人成为政治地位最高的人：这些意见都和墨子之说很相近。但一提到家族制度，则他完全承受孔子之说，维持父权，提倡厚葬和三年之丧，因此，他骂主张兼爱的墨子为“无父”。同时他因反对个人主义，也连带骂那主张独善其身的杨朱为“无君”（这个君不是说掌握大权的君主，只是泛指国家与社会，说杨朱不肯为人所用，不尽国民的责任而已）。我们可以说，孟子决不是纯粹的孔子之徒，他乃是孔、墨两家的调和者。在孟子时，还有一个人是调和墨与杨的，叫做宋钘。他的学说有两方面：在外的是“禁攻寝兵”，在内的是“情欲寡浅”。这就是说，他用墨子之学做事业，用杨朱之学修身心。他要兼顾别人和自己，使之得到同样的满足。他说：“一个人所以和人斗争，只为受了别人的侮辱。但你自己的人格并不因为别人的侮辱而有损伤，所以你受的侮辱并不是你的真羞耻。而且一个人的欲望是本来不多的，只要你心有所主，不使外面的东西扰乱了你的心，增加了你的欲望，那么，你既不侵犯别人，别人也就不来侵犯你了。”这不能相容的三大派，有了他们二人的调和，居然渐渐地接近起来。

杨朱和宋钘都讨论到人性的本质、人和外物的关系，以及如何可保全自己的真性等问题。以战国时思想的解放，学术界进步的急速，这个趋势就使一班学者超出于实际的政治论而向哲学方面走去。他们要讨论宇宙的本体了，要讨论智识的其实性了，要讨论人生的究竟意义了。于是有的以清虚为目标，不愿立自己的主张，只想像镜子这样，照着万物。有的说，智识是靠不住的，而且也求不尽的，何必这样自寻苦恼呢，只消委心任运好了。他们看出一切的观念都只是相对的，所以有大小、高下、是非、寿夭等等差别；但实体是绝对的，没有差别的。他们唤这个绝对的实体为“道”；以为得道的人的心中就不存着这些差别，所以由他们看来，万物都是一齐的。“道家”这个称谓就从这里来了。他们的话都说得非常玄妙，使人不全懂也没法驳。然而因为他们要得到这个最高的“道”，把人世间事看得很轻，社会的规律无形中都给打破，使得统治国家的人感到棘手。又因一般人民学会了他们的辩论法，死里说出活来，弄得任何事情都没有固定的是非可据，尤使统治者痛苦。所以到战国之末，激起了一个新学派，称为“法家”，专为统治者说话；他们主张遏灭私家之学，禁止游谈之士，平民都须专力农作，不得随便发议论。把这个意思讲得最清楚的是韩非的《五蠹》和《显学》，其后秦始皇的焚书灭学即是这个政策的实行。

说了一通战国学术界的大势，再回到老子身上。老子是主张柔弱和谦下的。他所以这样，并不是爱这样干，乃是因为用了这种手段可以达到胜过刚强者的目的。他以为要不受人家的欺侮，先要使对方不想欺侮。我柔弱了，好胜的人就不来和我生事了。如果对方决心要欺侮我，那么我就让他，他得其所欲也就完事了。但是他尝到了这个甜头，一定以为欺侮人是容易的，他将愈敢放开这手腕，终至碰到了一个比他更强横的敌人把他打倒而后已。所以，我的让他并非我的吃亏，只是骗他走上倒霉的第一步，依然是我的胜利。而且愈肯吃亏的愈能获得别人的同情，地位也就高起来。所以他说，事情往往是相反的：吃亏就是便宜，便宜就是吃亏。这种见解，我猜想是宋钘的“见侮不辱”的演进，是杨朱的“全生”学说的变相。如果猜得对，则老子应是宋钘的后辈，怪不得孔、墨、孟的书里全不曾把他提起，他如何做得孔子的老师！至于《老子》这书为什么说不是他作的，则因书中说“绝圣弃知”、“绝学无忧”、“古之善为道者非以明民，将以愚之；民之难治，以其知多”等话完全是战国末年的思想；这时以前的圣知正是社会上所崇拜的，它不曾在民间生出流弊，没有弃绝的需要。而且战国时人每提到老子，只有说他主柔弱，没有说他想毁灭文化，可见这些话不是他固有的。那么，我们为什么不说他生于战国之末，可以把这些意思写进了自己的书里呢？这因到了那时，他为孔子之师的传说已起来了，叫人错认了时代的人一定是过去的人，所以他不会生得太晚。因此，我们以为老子这人是战国中期的，《老子》这书是战国后期的。战国后期的人作的书为什么要托老子的名？大概因为这部书里采用他的话最多，所以就用他作代表了；或者作者并非有心托他而被后人误认了。

于是我们再来提出一个问题：老子为什么会成为孔子的老师？我以为这不是讹传的谣言，乃是有计划的宣传。老子这个学派大约当时有些势力，但起得后了，总敌不过儒家。他们想，如果自己的祖师能和儒家的祖师发生了师弟的关系，至少能耸动外人的视听，争得一点学术的领导权。于是他们造出一件故事，说孔子当年到周朝时曾向老子请教过，但他的道力不高，而且有些骄矜之气，便给老子痛骂了一顿。他知道自己的根底差得多，羞惭得说不出话。回得家来，只有对老子仰慕赞叹。借了孔子的嘴来判定了老、孔的高下，显见他们的门徒之间也是这等比例，道家的身价就可提高。想不到他们这种宣传不但如了愿，竟至超过了预期，而使儒家承认为事实；又不但如此，而使儒家也增加了一段故事，说孔子曾向老子问过许多礼制，把老子也儒家化了。可怜的是《老子》里既有“礼者，忠信之薄而乱之首”的话，《礼记》中又有老聃答孔子问庙主、问葬礼的话，逼得他竟成了二重人格，自己打自己的嘴巴！他们这个工作成功了，索性再进一步，使出手段来拉拢黄帝。他们把本学派里的货色尽量向黄帝身上装，结果，装得黄帝也像了老子，而后道家里以老子为“太祖高皇帝”，黄帝为“肇祖原皇帝”，其学派的开创时代乃直顶到有史之始了。至于发踪指示的杨朱，早被一脚踢开，学术系统从此弄乱。《汉书·艺文志》所列道家著作，有《黄帝四经》、《黄帝铭》等篇，注云“起六国时，与《老子》相似也”。这就是黄帝与老子合作的成绩，而“黄、老”一名也从此打不破了！

《老子》这书中，主张君主应当清静无为，对于人民要使他们吃得饱饱的，不存什么野心，这和汉初承大乱之后与民休息的条件极相合，而且这书的文字简短有韵，容易记忆，所以就风行于世。曹参为齐王的相，那时天下初定，百姓流亡，听得胶西住了一位盖公，善治黄、老之言，就用厚币请了他来，把自己住的正房让给他，常去请教。一连做了九年，果然齐国安集，大称贤相。后来汉相萧何死了，惠帝命他继任。他一切遵照萧何的原样；把好出风头的属员都免了职，换用了朴讷的人。他自己天天饮醇酒，不管事。有人想劝他做事，他等那人来时就请他喝酒，那人正想说话时又敬上一杯酒，直灌到醉了，那人终没有说话的机会。丞相府的后园靠近府吏的宿舍，他们常常饮酒，呼叫和歌唱的声浪闹得人不安静。有人讨厌了，请丞相去游园，以为他听得之后一定会喝止的；哪知他就在园中斟起杯子来，一样地呼叫和歌唱，竟同隔墙的吏人们相应答。惠帝看他不办什么，觉得可怪，问他：“是不是为了我年轻，瞧不起呢？”他道：“请您想想，您比高帝怎样？我比萧何怎样？我们既都不及他们，只该遵守他们的规模。请您垂了裳、拱了手坐着罢！”

文帝即位之后，非常的俭朴。有一次他想造一个露台，唤匠人估计，说需百金。不料这一个微小的数目竟使这位皇帝吃了一惊，嚷道：“百金，这是十个中等人家的家产呵！”就不造了。这样的风度，固由于个人的生性，但汉初道家的势力正弥漫一世，说不定也是接受了黄、老的“寡欲”的遗训。他的皇后窦氏极好黄、老之言，叫他的儿子景帝和自己母家的人都须读《老子》。那时有一个《诗经》博士齐人辕固生瞧不起这书，批评了一句，她听了大怒，逼他到兽圈里去打野猪。景帝知道他危险，但又没法改变太后的命令，只得拣一把快刀给他。他进了圈子，用劲一刺，居然刺中了猪的心，应手倒了；太后才没奈何他。后来武帝即位，他喜欢铺张，和他的祖父不同；好任儒生，和他的祖母不同，于是这位窦太后又同自己的孙儿冲突起来了。当建元元年（公元前140年），赵绾等议立明堂以朝见诸侯，她心里已嫌其多事。想来她总有牵掣他们之处吧，所以到了第二年，赵绾奏请武帝不必向长乐宫（太后所居）奏事，希望免掉许多麻烦。给她知道了，立刻下个辣手，把丞相和太尉都免了职，赵绾也就死在狱里。在这种地方，都可见汉初的儒家远不及道家之得势。

道家的兴起，《老子》的盛行，固有许多原因，而汉初的时势实为其重要条件。自从春秋末年以后，为了消灭许多地方势力，推翻许多特权阶级，大规模地流血战争，人民挨受了二百五十年的苦难和牺牲，到这时天下初平，着实应该休息了。把黄、老之言作为休息的原理，本是适合于当时的社会条件的。所不幸的，只是这种柔弱和退让的思想竟致渗透一些人的骨子，作为有永久性的人生观，结果使得他们在长时期中减低了对自然斗争和阶级斗争的热力，逢到大事要把它化为小事、无事，逢到难事要以没办法为办法，听它自然地变化。

第九章　尊儒学而黜百家

墨子的政治主张，以为做天子的应是天下最好的人，这个人是从人民中选举出来的。有了天子，再由他去寻好人做三公和诸侯。除了选举之外，还有禅让的一法：天子年纪老了就找一个最好的人做他的继承人。墨子是根本否认贵族的存在的，他以为下层的人民只要有最大的本领，也可做得地位最高的天子。他举的古人的例是尧、舜。他说：舜本来是一个历山下的农夫，又会做过黄河边的陶工，还曾在雷泽摸过鱼，常阳贩过货，是一个纯粹的平民；但他的德行和才干给尧知道了之后，他就受了尧的禅让。这种说话经墨家一宣传，居然成为史实，便是承认贵族地位的儒家也引用起来了。

儒家的宗旨主于旧有阶级的维持。他们以为不是君主十分坏，坏得像桀、纣一样，总是不该推翻的。推翻之后，换了新主，阶级制度还是照常。这一点是儒、墨两家绝对不同的地方；所以墨家要提出天子和诸侯的来源问题，而儒家则不问。儒家所问的，只是朝廷的仪式怎样；贵族的继承条例怎样；王国和侯国的典章如何不同；这一代和那一代的礼乐如何有别；祭祀鬼神、宴会宾客、聘问列国，以及冠笄、婚姻、丧葬等事应当怎样办。从表面说，他们要使在上的抚养子民，在下的恭敬长上，一切都有轨道，没有争，没有乱，风俗益臻淳厚。若从骨子里说，这简直是蒙蔽民众，叫他们安心做奴隶。

秦始皇统一了天下之后，还想做统一思想的工作，他把学问聚在皇室，立下严酷的法令，民间有偶语诗书的就犯杀头的罪名。这一下当然使儒家失色。过了四年（公元前209年），陈涉起兵，鲁国的儒生为要出这口气，就抱了孔家的礼器跑到他那边去，孔子的八世孙孔鲋做了他的博士。不满半年（公元前208年），陈涉被杀，孔鲋也随着死了；可是鲁国的儒生又从此获得了讲习礼乐的自由。后来汉高帝灭了西楚霸王项羽，西楚的地已全夺了过来，只有鲁国不降，于是他带了很多的兵把鲁城重重围住。但这班儒生还在那里行礼奏乐，弦歌的声音飘散到城外。高帝也感动了，不忍打进去把他们屠尽，就举起项羽的头给他们看，他们才降了。

却说高帝是平民出身，他的胸中没有什么贵族的架子，所以他很讨厌这班专讲架子的儒者。他刚起兵的时候，凡戴了儒冠去见他的，他总要使蛮把他的冠解了下来，撒一泡尿在里边，表示他的侮辱。有一个秦博士叔孙通从关中逃了出来，辗转到他那边，知道他有这种怪脾气，便扔去了儒冠，改穿了楚国式的短衣。他见了果然喜欢，拜为博士。汉五年（公元前202年），天下统一，诸侯尊汉王为皇帝；这即位的仪式就是叔孙通所定。那时虽说是定了君臣的名分，然而群臣多从草野中发迹，不懂得什么叫礼节；他们在殿上饮酒，往往争论功劳；喝醉了也就大叫起来，拔剑向柱子砍去。这位平民化的高帝因为自己有了身份，对于这些粗鲁的举动渐渐觉得可厌了。叔孙通趁着这个机会，就进言道："儒者固然不能图进取，但守成是会的。请您下个命令，召集鲁国的儒生和我的弟子一同商订朝仪罢！我想现在应当采取古礼和秦仪，造成一种新制度。"高帝道："你可以试一下，但不必太琐碎，只就容易实行地做去好了。"叔孙通奉了旨，立刻自己赶到鲁国去，招访儒生。别的都欣然，只有两人不肯走，他们说："现在天下初定，死的没有葬，伤的没有复原，哪里可以兴礼乐！要兴礼乐，且待积德百年！"叔孙通听了笑道："你们真正是不识时务的乡下佬儿！"他就带了招到的三十三人到京城，和他自己的弟子百余人，用绵索在野里围了一个圈子，插了许多茅草当做君臣的位次，演习礼法。一月之后，他请高帝去观礼；高帝以为很好，命令群臣照样学习。七年（公元前200年）十月（就是正月），长乐宫初造成，群臣都到那边去贺年。天刚亮，谒者就按照文武官员的等级，一次次引进了殿门。那时殿廷之中早已排列了车骑，陈设了兵器，升张了旗帜。上面传一声“趋！”殿下的郎中们数百人就夹侍在阶陛的两旁；功臣、列侯、诸将军、军吏都向东站立；文官丞相以下都向西站立。于是皇帝坐了辇出房，百官传呼警卫；从诸侯王以下直到六百石的吏员依了次序奉贺，他们没有一个不肃敬震恐的。到行礼完毕，又在殿上置酒，他们都低着头饮酒，没有一个敢喧哗失礼的。斟酒斟到第九次，谒者高唱“罢酒”，他们都静静地退出。于是高帝说：“吾到今天才知道皇帝的尊贵呵！”他就拜叔孙通为太常，赐金五百斤。

起先，叔孙通初归汉时，有一百多个弟子跟着他，他们都想做个小官；但这位老师只向汉王面前推荐惯做强徒的汉子，永不提起他们。他们气极了，常常背后骂他。他知道了，向他们说：“汉王正在冒了矢石和敌人争天下，他所要的是能斩将搴旗的人，这种事你们会干吗？你们还是安心等着，我总不忘记你们的。”自从长乐宫朝贺之后，叔孙通就向高帝说：“这一班弟子们跟了我好久了，这次的朝仪是他们共同的功劳，您给他们一个官罢！”高帝立刻答应，都任他们为郎。叔孙通出来，把赏下的五百斤黄金完全分与他们。他们大喜道：“叔孙先生真是最识时务的圣人！”

高帝去世，惠帝即位，他又拜叔孙通为太常，对他说：“先帝的园陵和寝庙的仪式，群臣中没有能定的，还是请您老先生草拟了罢！”凡汉初的种种制度，都是他做太常时所讨论规定的。他似乎没有受到五德说的影响，所以他所定的礼，我们见不着五行的色彩。

秦代统一之后，等不及订立许多新法制，国已亡了。汉兴，各种制度都待创立，所以好言礼乐的儒家急欲发展他们的抱负。不幸文帝、景帝、窦太后都好黄老和刑名，而历来当国的丞相，萧何、曹参、陈平、周勃、张苍之类，他们的出身，有的是刀笔吏，有的是战将，有的是策士，有的是道家，有的是阴阳家，他们对于儒家都没有信仰；对于制度也只要够用就算，因此只望因袭旧的，不想创造新的。所以自从叔孙通死了之后，这制礼之业竟停顿了。虽有贾谊、公孙臣等鼓吹改制，也没有什么效果。

在这时，一班儒者等得不耐烦了。董仲舒是专精《春秋》的，他在文章里说：“依照《春秋》的道理，新王必改制。为什么呢？就因新王是受命于天的，不是继承前王的。倘使一切照了前王的制度，那和继承前王的还有什么分别！受命的王原是上天所特别提拔的人，一个人奉事他的父亲尚且要先意承旨，何况是天。现在上天特别提拔了你，然而你竟没有把旧制度变更一点，显不出这提拔的好意，这是天的意思吗！所以迁都城、换称号、改正朔、易服色，都不为别的，只为顺着上天的意思，表示自己是新受天命的人罢了。”这样说来，这种改制度的事并不为适合民众的需要，只是要使上帝喜欢。更老实讲，不过替皇帝装点，使得他的地位经过神秘的渲染而更高超而已。

自汉兴到武帝之世凡六十余年（公元前206—前140年），鲁两生所说的“积德百年”的话已差不多了。武帝是一个好大喜功的人，他过不惯道家的淡泊生活，觉得儒家讲得“天花乱坠”的各种制度很有趣，所以他一即位就用赵绾、王臧等儒者为公卿。他们做了公卿，第一件事就是准备在城南造一个明堂，为皇帝朝见诸侯之用。这制度还保存于《礼记》。书上说：明堂是明诸侯的尊卑之堂，在这堂里，天子背着屏风，南向而立。三公站在中阶之前，北向；诸侯站在阼阶之东，西向；诸伯站在西阶之西，东向；诸子站在正门的东隅，诸男站在正门的西隅，都北向。九夷在东门外，西向；八蛮在南门外，北向；六戎在西门外，东向；五狄在北门外，南向；九州之牧在二重门外，北向。这样的“万国衣冠拜冕旒”，天子的尊严哪里想象得尽；再看叔孙通的朝会之礼，仅列文武百官的次序的，就觉其规模的狭小了。

建元元年（公元前140年）冬十月，武帝诏丞相、御史、列侯等大官各举贤良方正直言极谏之士，这是科举制的滥觞。举来了一百多人，武帝把他们问了再问。策问的结果，以董仲舒为最优，这就是很有名的“天人三策”。他的第三策的末尾说：“孔子作《春秋》，最看重一统。现在百家异说，各人有各人的主义，使得国家没法立出一定的法制，百姓也不知道走哪一条路好。据我的意见，以为凡不在《六经》里的，以及和孔子的道理不合的，都可以截住它前进的道路。等到邪说息了，然后政治可以划一，法制可以明定，人民也得到了正确的道路了。”武帝正心醉着儒家，他的话很中听，就讽令丞相卫绾奏说所举的贤良们，有的治商鞅、韩非的刑名之言，有的习苏秦、张仪的纵横之言，足以惑乱国政，请都黜退；于是这一次的选举就只剩下了儒家。五年（公元前136年），他又置五经博士，提倡儒学的色彩愈加鲜明。人民为谋自己的出身计，大家涌进了这条路。儒家所提倡的大典，如巡狩、封禅、郊祀、改制等事，武帝莫不一一举行。自从他定了郊祀天地之礼，又集合了一个歌曲的班子，唤做“乐府”，用李延年为协律都尉，命司马相如等数十人造作诗赋。每年正月第一个辛日，他在甘泉祭上帝时，童男女七十人一齐歌唱，从黄昏直唱到天亮。儒家鼓吹了几百年的礼乐，到他的手里而一齐实现。

但劝武帝罢黜百家的董仲舒，他真是孔子的信徒吗？听了董仲舒的话尊崇儒家的武帝，他真行孔子之道吗？这不劳我细说，只消把董仲舒所作的《春秋繁露》，和记武帝事实最详细的《史记·封禅书》去比较《论语》，就会知道。

秦始皇的统一思想是不要人民读书，他的手段是刑罚的裁制；汉武帝的统一思想是要人民只读一种书，他的手段是利禄的诱引。结果，始皇失败了，武帝成功了。劝始皇统一思想的李斯，他是儒家大师荀卿的弟子；劝武帝统一思想的董仲舒，他是《春秋》专家。他们对于孔子尊敬的分量虽不同，但政策却是一贯的。儒家主张复古，承认阶级的存在；自从武帝定为国教，这偶像直维持了两千多年。所以战国之末虽已把旧制度一齐打破，而旧思想的种子还由儒家传了下来，经武帝的栽种而发芽开花，造成了无数宗法组织极严密的家族，使得人民上面忘记了国家，下面忘记了自己。

第十章　经书的编定与增加

儒家是主张复古的，凡属记载古代的东西，他们都要搜罗保存。然而可怜，传下来的古代记载少得很。这个缘故，他们不知道，以后的人也不知道，直待现代的我们方始知道。原来商以前还是没有文字的时代，那时人无法把事情记出。商代初有象形文字，字体常常变化，所记载的只是极简单的某月某日做什么事，用小刀刻在龟的腹甲和牛的胛骨上。因为他们的记载大都是占卜的事情，所以今日称它为“甲骨卜辞”。自从清末在安阳出土以后，到近年考古学者大规模的发掘，已发见了十六万多片，可以希望整理出一部《商代史》来了。但这三千年前的东西，我们能看见，秦、汉间的人却不能看见。此后，记载的技术稍进，某月某日做什么事之外还能记及人的说话；那时正以冶金术的进步，大批制造青铜器，就把这些记载刻在青铜器上。因为铜器不易损坏，所以秦、汉间人还有得看见。陈涉起兵之后，鲁国的儒生抱了孔家的礼器去投他，这礼器就是前代的铜制用具。大概说来，乐器有钟、铙；食器有鼎、鬲、簋、簠；饮器有尊、彝、壶、罍、爵、觚；盥洗器有盘、匜。因为一切生活的仪式都属于礼的范围，而儒家是主张复古的，所以凡是古人日用的东西都可以叫做“礼器”。因为这些礼器中算钟和鼎为最大，所以后来就称研究这类东西的学问为“钟鼎之学”；其文字为“钟鼎铭辞”，现在称为“金文”。这类东西，固然秦、汉间人也有得看见，但他们看见的反不及我们多。当汉武帝时，汾阴掘出了一个特大的鼎，没有字，大家惊为祥瑞，武帝就改元为元鼎。后来宣帝时，美阳又掘得了一鼎，官员们又说是祥瑞，劝皇帝重行元鼎的故事。有一位聪明的张敞，他是识得古文字的，起来驳道：“他们说得不对！这鼎的铭文是‘王命尸臣：“官此栒邑；赐尔旂、鸾、黼黻、雕戈。”尸臣拜手稽首曰：“敢对扬天子丕显休命！”’美阳是西周的王畿，可见这是周王把许多东西赐给这位大臣，大臣的子孙为要表扬先人所受的恩宠，刻在鼎上，藏在祖庙里的。这是旧藏的发见，不是祥瑞的天降！”他既说得这样清楚，宣帝也只得罢了。到宋代，这种古器积聚渐多，加以徽宗的提倡，钟鼎之学兴盛起来，把六百余件的器铭编成了好几部专书。到清代，以古文字学和古史学的发达，钟鼎学的研究更深刻，一件古物发见时就有许多人作考证。至于今日，我们所知道的有铭辞的古器约有三千件了。这种眼福，决不是秦、汉间人所能有的。我们用了这些材料，也可希望整理出一部《西周史》来。商代之后，记载的技术又较进步，这人和那人间可以用书信往来，长段的事情和说话也能联缀成篇。那时记载的器具是用漆写在竹木制的简上，一枝简大约写十余字至二十余字不等；用绳子或皮带把许多简穿起来，就成了“册”和“篇”。还有方块的木板，叫做“方”，可写一百字左右。西汉之世，简、方和帛是并用的。帛可以卷起来，就成了“卷”。

自甲骨而钟鼎，而竹木简，而帛，物质的便利程度愈增加，记载的东西也就愈多。生在后世的人们用得惯了，看得惯了，正如纨袴子弟不知稼穑之艰难，以为古人也是这样的，应当有很多的东西传下来，封于古书和古史的责望心就很重。要是像现在这样，肯去挖地，从许多地下遗物里整理出几部古代史来，当然再好不过。无奈他们想不出这种方法，他们只会把耳朵里听来的算做古史，甚至于把自己心里想出来的算做古史；再把这些听来的和想来的东西写在书本上，就承认为真的古书。因此，古人虽没法把当时的事情留与后人，但后人却会给他们补上，而且补得很齐整。我们翻开《汉书·艺文志》来，古帝王和古名臣的著作不知有多少；只恐这些著作离开他们的真面目还不止十万八千里呢。

古代的学问都聚集在贵族那边，那时的知识分子都是贵族的寄生者。贵族信仰天，信仰鬼，常要祭祀，他们的手下就有了“巫、祝”。贵族要作祝文、策命、人事和天意的记载，他们的手下就有了“史”。贵族要在祭神和宴会的时候奏音乐，他们的手下就有了“师”。这些巫、祝、史、师之官，由于职业的需要和长期的工作，对于天文、地理、音律、政治、历史，当然知道得很多，渐渐地构成了有系统的学问。但一般民众呢，他们受着阶级的限制，没有享受这些文化的福分，所以他们也想不到有学问这一回事。由于时代的突变，孔子为了不得志于时，用私人名义讲学，收了一班弟子。他所讲的学虽甚平常，但因他是第一个把贵族那边的学问公开给民众，使得民众也能享受些高级的文化，所以他巍然居于中国学统之首，二千四百年来被公认为极伟大的人物。

在《论语》里，我们看孔子常引《诗》和《书》，又常称道礼和乐。《诗》和《书》是当时的两类书（为什么不说“两部”？因为当时的书用竹简编写，繁重得很，我们看做一篇，在那时已是一册；我们看做一部，在那时是一大堆。所以对于书籍的观念，我们可用部计而他们不能。他们只能说，这类的东西叫做《诗》，那类的东西叫做《书》而已）；礼和乐则不是书而是事。一件事情应当怎样办，是礼；一首诗应当怎样唱，是乐。所以《诗》是乐的本子，乐是《诗》的动作。这些《诗》本来就是乐师所管：有的是在宗庙里祭神时用的，叫做《颂》；有的是宴会宾客时用的，叫做《风》和《雅》。《风》、《雅》、《颂》的来源，有的是士大夫所作，有的是乐师所作，有的是民间的歌谣而为乐师所采取。这些诗应当是很多，但常用的只有三百篇左右。《书》呢，是史官所掌的记载：国君对臣子说的一段话，或臣子对国君说的一段话，或战争时的一篇誓师词，或王室的一件大典礼，史官感觉其重要，记了出来，一事就成了一册书；再摘取数字，给它一个题目。用现在的话说来，这就是“公文”或“档案”。这类东西的分量比《诗》还多，但因竹木简容易朽蠹，不及《诗》的因歌唱而保存于人们的口边，所以传下来的也就寥寥无几，孔子当时不知实在见过了多少。他有一个很直爽的弟子，叫做仲由，曾质问他道：“何必读书然后为学！”可见他教导学生时是要他们多读书的。然而可怜，那时实在没有好多书可读，仅仅这三百篇的《诗》和若干残篇断简的《书》，能够读出什么大道理来！所以他给予后世的影响，虽说传播古文化，其实极大部分是在他自己主张的实践伦理的“礼”上。

有一部周朝的占卜书，叫做《易》。它所以有这个名称，大约因为这种用蓍草的占卜法比较用甲骨为简易的缘故。这也算得一部古书，孔子或许在卜官处见到；但他不曾提起，说不定他重人而不重神，看破了占卜法的无聊，不愿表章，也是有的。又有一部鲁国的编年史书，叫做《春秋》；大约因为简册断烂，只存鲁隐公以下。这书，他一定见到，但《论语》中也不曾提起。后来的儒家把这两部书都收进去了。他们说：《春秋》是孔子作的；他所以作这部书，为的是要整顿纲常名教。他看天下太乱了，所以奋身而起，代行天子的职权，把一代的诸侯大夫加以进退黜陟；固然文字上没有写明，但字里行间都藏着他的褒贬的意思。《春秋》本是一部鲁国的史书，给他这样一修改，就成了他的政治哲学，而且是他为后世天子制定的一部法典了。因为他恐怕触动了当时有权有势的人们的怒气，妨碍了他的安全，所以只把这些意思口传给弟子们。因为弟子们口传得不同，所以后来写出时就成了几部不同的《春秋传》。他们又说《易》是孔子到晚年才研究的；因为天道精微，不易认识，所以他下了苦功去读，读得勤了，竟使穿着竹简的皮带断了三次。他为阐明《易》理，所以作了十篇《易传》；这些传是《易》的羽翼，所以又称为《易十翼》。孔子既对《易》和《春秋》自己动过手，对于《诗》和《书》当然也要动手。所以他们说：《诗》本来有三千余篇，给他删掉了十分之九。《书》，删削更多了，本来有三千二百余篇，只存得一百篇。还有一部《仪礼》，讲的是冠、婚、丧、祭诸礼，一共十七篇，他们也说是孔子所作。照这班儒家的话讲来，孔子一生的学术事业，计删了《诗》和《书》，作了《春秋》和《仪礼》，还替《易》做了一部传。因为他有了这五种著作，所以就有了“五经”。乐，他虽没有著作，但也曾下过一番整理工夫，所以连带说起来，就成了“六经”。自从战国末年至于今日，这种观念在学术界中几乎不曾变过。

称孔子的书为“经”，以表示对于它的尊崇，这个意思向来没有疑问。但现在知道，经的原义是丝线。许多竹木简用丝线连贯起来，这叫做经；经乃是书籍的通名，并不含有后来所谓“天经地义”的观念。竹简有长短，官府用的长二尺四寸；《五经》等虽说是孔子的著作，究竟原本是官书，所以也是二尺四寸。私人所用则有长一尺二寸的，也有八寸的。还有一种六寸的木板，备随时的写记，正像我们的笔记簿，称之为“簿”，亦名为“专”，用假借字写来就成为“传”。它不像经的严整，所以后人就用来做经的补助读本或参考资料。他们说：孔子做了一部《春秋》，他有三个弟子记着他的意思，一代一代地传下，传到汉代，就成了三部《春秋传》。他删定了《尚书》，留下许多解释，传到汉代，就成了一部《尚书大传》。他删定了《诗三百篇》，传到汉代，有齐国的本子，有鲁国的本子，有燕人韩婴的本子，他们的讲法又各各不同，所以便有齐、鲁、韩三家的传。《礼》，有他的弟子卜商作的《丧服传》，又有七十二弟子的后学们作的一百余篇的《记》。《易》是文王和周公作的《经》，他自己做的《传》。所以五经是莫不有《传》的。

儒家最重孝道，而孔子弟子中以曾参的孝为最有名，所以不知何时何人作了一部《孝经》，说是孔子教给曾参的。《诗》本来只叫做“诗”，《书》本来只叫做“书”，称为《诗经》、《书经》是后来的事。唯独这《孝经》的“经”字是离不开“孝”字的，分明出在经的名词已得了崇高的地位之后。因为这是一个小本子，容易念，而且受了君主的提倡，风行天下，所以汉人对于这部书非常信仰。东汉末，张角起义，有一个侍中向栩上奏书，说：“国家不必兴兵讨伐，只消在黄河边上北向读《孝经》，‘贼徒’自然会消灭的！”

还有一部书，记孔子和当时人及弟子们的说话，又有些他们的零碎事情，叫《论语》。这一部书大概是孔子的再传弟子编辑的，齐国和鲁国的本子也各不同，到汉代才并合为一。我们要看孔子的真相，这是第一等的原料，虽则里面已有了些窜改。《论语》这个名词也由竹简来。“论”字古但作“仑”，就是把竹简排比为一册的意思。

以上说的是五部经，这些经各有一部到几部的传，又有一部特造的《孝经》，一部记孔子言行的《论语》，虽说同是儒家的东西，性质是各别的；至于主要的东西仍是这五部经而已。到后来，尊孔子太过，把这些传都升做了经，于是有“十三经”的名词出现。（《十三经》的构成不是一次的事。战国以前只说《诗》、《书》、《礼》、《乐》，是四种。战国以下加上了《易》、《春秋》，是六种。汉人因为《乐》有谱而无经，把它去掉，为五种；加上《论语》、《孝经》，是七种。唐代分《仪礼》、《周礼》、《礼记》为三种，又分《春秋》的三种传为三种，合上《易》、《书》、《诗》，是九种。宋代就唐的九种，再加上《论语》、《孝经》、《孟子》、《尔雅》，是十三种。所以《十三经》这个集团是经历了五次的变迁才成功的。）

汉学的中心是经学，我们要了解汉学的地位，应当先明白所谓经也者是什么东西。可惜话长纸短，写不尽了！

第十一章　博士官

博士，现在是学位的名称，但在古代是个官名。这个官，战国时就有，其详细情形不得而知。秦始皇时，博士有七十人，他们的职务是“通古今”。当始皇三十三年（公元前214年），北边夺了匈奴的河套，南边夺了南越的陆梁地，明年，他置酒咸阳宫庆贺，博士七十人上前献寿。仆射（博士之长）周青臣进颂词，说：“现在日月所照的地方没有不服皇帝的威灵的，又把诸侯之国改成了郡县，从此可免战争的祸患，这是上古以来所不曾有过的盛事！”始皇听了大高兴。这时候，忽然一个不识趣而又胆大的博士齐人淳于越起来说：“殷王和周王因为封建了子弟和功臣，所以才能有千余年的天下。现在皇帝的子弟就是匹夫，一旦碰到了权臣篡国，试问有什么人可以帮助皇室的？做事不以古人为师法，决不能长久。青臣当面谄谀，不是忠臣！”始皇把这个主张交臣子们去议，丞相李斯说：“今古的制度不同，原不是立意相反，乃是时势变了。我们所定的是万世的大业，那只懂得三代之事的淳于越哪能体会到这些新制度的意义！从前天下未统一时，君主所定的制度常常受私家之学的攻击；他们说的名为古事，其实是装饰出来的虚言。现在天下已统一了，而这种风气还没有改变，倘不严令禁止，那么下面的党派一结成，上面的威权就坠落了。我提议：史官所典藏的，凡不是秦的史书，完全烧了。不是博士官所执掌的，私家所藏的《诗》、《书》百家之言，完全送地方官烧了。有敢聚会了人们讲《诗》、《书》的，处死刑。有敢引用了古事来反对今制的，全家处死刑。官吏知道了不举发，处同样的刑罚。令下了三十天还不烧的，髡钳了去筑长城。所存留的，以医药、卜筮、种树的书为限。想学法令的，就到官吏那边去学习。”始皇立刻批准了。这固是在主张统一思想的李斯执政之下所应有的事情，但其爆发点实由于“通古而不通今”的博士的“是古非今”，可算是淳于越闯下的大祸。但有奇怪的一点，史官所藏的史籍，除了秦的统统烧了，而《诗》、《书》和百家之言凡是博士官所执掌的都不烧：为什么还要留下这一点“是古非今”的根苗？大约这和官制有关系，除非把博士官取消，就得让他们去读点古书；只要他们不敢乱发不合时宜的议论，安心做个皇帝的装饰品，也就罢了。

那时的博士是掌《诗》、《书》和百家之言的，《诗》、《书》是古代传下来的经书，百家之言是战国时的各家学说。既经称为百家，当然很杂，所以里边有神仙家，也有术数家。当始皇三十六年（公元前211年），有陨星落在东郡，不知什么人在上边刻了“始皇帝死而地分”一句话，始皇听得，把石旁的居民都杀了，把星石也烧坏了，但心中还是闷闷不乐，于是叫博士们做《仙真人诗》；他游到哪里，就令乐人们在哪里歌唱。为什么叫做仙真人呢？因为始皇爱慕真人，自称“真人”，他听人唱这首诗，仿佛自己真做了仙真人而不死了。明年，他游罢会稽，沿海到琅邪，途中做了一梦，梦和海神交战。他把这梦询问占梦博士，博士说：“水神是不可见的，但他手下的大鱼鲛龙常常出来；若想除去这恶神，应该先去捕捉大鱼。”始皇就预备下捕鱼的器具，自己挟了连珠箭候着；到之罘时，果然射杀一条大鱼。不幸这位博士的话不灵，仙真人诗又没有用，他上岸就病，不久死在路上。

汉元年（公元前206年），高帝破了秦军，进至咸阳，许多将士争先恐后地到金帛财物的府库中去抢东西，萧何独到丞相和御史府里收取律令图书，带到军中。后来高帝所以能知道天下的险要、户口的多少、民间的疾苦，就靠了这些图书。至于博士衙门里的古籍，这位从刀笔吏出身的当然注意不到了。过了月余，项羽来到，他杀了降王子婴，屠了咸阳人民，烧了秦的宫室，火焰经历三个月还没有消灭。在这种情势之下，博士官所藏的《诗》、《书》和百家之言必已没有存留。秦始皇烧民间书，项羽又烧博士书，这是八年间的两度书籍的浩劫。

书籍虽遭了两度浩劫，但读书的人原没有死完，所以秦博士叔孙通带了一百多个弟子归了汉，被他招到关中的又有鲁儒生三十三人，他们议定了汉家的各种制度。秦御史主柱下方书的张苍，明习天下图书计籍，归汉后做到丞相。最重要的，是鲁孔子庙堂里藏的孔子衣、冠、琴、车、书，世世相传，到汉二百余年不绝；诸儒又讲乡饮和大射的礼节在孔子冢上，这冢地大至一百亩。所以这两次的大焚烧，书籍固然受到极大的损失，但只要用心搜集，还不难积聚。只是楚、汉之间四方起兵，打了八年，其后抵抗匈奴，削平叛臣，费了好多力气，已没有余力顾到文化的建设。又秦始皇禁止私家藏书的法律，汉初还继续行用，到惠帝四年（公元前191年）方始废掉。当国的大臣周勃、灌婴之类都是武人出身，也不高兴提倡学问。自从战国末年的大震荡，直到汉室的安定，约有六七十年，在这时期中，文化的空气消沉了，研究的工作停顿了。无论哪种事情，只消数十年没有人提倡经营，就会烟消云散。试看八股文和试帖诗，自从停止科举以来，到今不过五十年，已经老年人不讲了，中年人不懂了，少年人简直不知道有这回事了；再过不了几年，连卖旧书的摊子上也会绝迹了。然而在科举未废之时，何等如火如荼，有哪一个读书人不尽力钻研的！“六经”，固然不至像八股文一样地仅作敲门砖，但经过这长期的停顿，懂得的人日少，存留的本子也大减，实在是一件必然的事实。这就是汉代的经学所以纷歧的主因。

文帝时，黄龙出现，应了公孙臣的预言，文帝就任他为博士，和诸儒同草土德的制度。公孙臣是传阴阳家邹衍之说的，而做博士，可知当时犹承秦的遗风，百家之言也各立博士的。据说，文帝的博士有七十余人，数目和始皇差不多；以他的崇尚黄、老，想来道家的博士必然不少。但古学以儒家为大宗，天下既渐承平，“六经”当然要提倡。《诗》和《书》是古人最多引用的，所以文帝也要立这二经的博士。那时讲《诗》的，鲁有申公，燕有韩婴，文帝就任他们为《诗》博士。《书》呢，全国几乎没有人读的。寻了好久，知道济南有个伏生，本来是秦的博士，专治《尚书》，现在年已九十多了，不能到京城里来。于是派了太常掌故晁错到他家里去受业；但是他那边的《书》也不多了，只传得二十余篇，所以春秋、战国时人称引的《书》语，到现在有好多不能在《书经》里找出。倘使伏生早几年死了，这《尚书》一经也就绝种了。不久，朝廷任命伏生的弟子欧阳生为《书》博士。到景帝时，又以辕固生为《诗》博士，董仲舒、胡毋生为《春秋》博士。辕固生为齐人，他讲的《诗经》和申公、韩婴都不相同，所以《鲁诗》、《韩诗》和《齐诗》就成了鼎足而立的三派。《春秋》，董和胡毋两家不曾听说有什么分别。

武帝建元元年，借着选举贤良方正的机会，崇儒学而黜百家。五年，他又置“五经博士”。从此以后，博士始专向儒家和经学方面走去，把始皇时的博士之业“《诗》、《书》”和“百家之言”分开了。这是一个急剧的转变，使得此后博士的执掌不为“通古今”而为“作经师”。换句话说，学术的道路从此限定只有经学一条了。这比之始皇的以高压手段统一思想还要厉害。二千余年来没有生气的学术思想就在这时行了奠基礼。武帝立的为什么叫做“五经博士”？只因文、景之世仅立了《诗》、《书》、《春秋》三种，还缺《礼》和《易》，所以他给补足了。博士之数本来是很多的，到这时，既把百家之言的博士取消，剩下来的就没有几个人。后来到了宣帝、元帝的时候，又加立了几家博士。当时只要我讲的经和你讲的两样，而你我所讲的都给人看作有理由，便可各立博士，都置弟子员。因为博士的官不算小（汉初时每年的俸禄四百石，其后增至六百石；内迁可为奉常、侍中，外迁可为郡国守相、诸侯王太傅等职），所以引得人眼红，常想标新立异，取得一个地位，以致经书愈讲愈乱。这又是汉代经学所以纷歧的一个主因。

博士本来可收弟子，例如叔孙通的手下就有一百多人。武帝时，博士减少，弟子员亦减少，只定五十个名额，叫太常就人民年十八以上、相貌端正的选择。读了一年，考一次，如能通一经，就可补文学掌故的缺，考得最高等的可以做郎中。其后昭帝时加至一百人，宣帝时又加至二百人。元帝好儒，特增至一千人。成帝时，有人说孔子是布衣，尚且养了三千个徒弟，现在国立的太学的弟子反而比孔子的少，实在说不过去；于是听了他的话，又增至三千人。到东汉时，太学诸生竟至三万余人了。班固在《汉书·儒林传赞》里说得好："自从汉武帝立了'五经博士'，选弟子员，经过了一百多年，传业的愈盛，枝叶丛生，一部经书解说至百余万言，大师们的数目多至千余人。为什么会这样？只因这是一条禄利的门路！"呵，经学的兴盛靠了禄利的引诱，当时经学的性质原不异于明、清的八股，奉劝研究古学的人们，大可不必再做"汉人近古，其言必有所据"的好梦了！

第十二章　经学的今古文问题

武帝时，正值太平盛世，他很讲究藏书，宫廷里的藏书处有天禄阁、延阁、广内、秘室，宫廷外的有太史和博士的官署；又设置写书的官，抄写得很多。到成帝时，还嫌其不足，河平三年（公元前26年），命谒者陈农四出搜访遗书，又命光禄大夫刘向校"六经"、传记、诸子、诗赋，步兵校尉任宏校兵书，太史令尹咸校数术（天文及占卜等）书，侍医李柱国校方技（医学）书。因为刘向是学问最博的人，所以每一部书校完，就由他列举其篇目，并撮其要点，写成一篇评论奏上去。这是对于古代学术的一种总结的工作，非常有价值的。不幸这位总编辑任职了二十年，没有做完，于绥和二年（公元前7年）死了。他的儿子刘歆也是一个学问很渊博、什么都懂得的人，且已久作襄校的事，所以哀帝很宠他，命他继续父业。他任了职，就总合群书，编成《七略》：①《辑略》（全书的通论）；②《六艺略》（“六经”和传记）；③《诸子略》；④《诗赋略》；⑤《兵书略》；⑥《术数略》；⑦《方技略》。这是中国第一部目录书。后来班固作《汉书·艺文志》，就以它为蓝本。现在我们所以能约略知道些古学与古籍的情形，这部书实在有很大的启示之功。

刘歆先前襄校的时候，曾发见一部古文字的《春秋左氏传》，读得非常喜欢；他引了《传》文来解《经》，于是《左氏传》有了章句。他说：作这书的左丘明是亲见孔子的，他所爱的和所恨的完全和孔子一样，所以讲到《春秋》，这是最靠得住的一部《传》；不比《公羊》和《谷梁》，作者生在孔子的七十二弟子之后，所记的《春秋》宗旨是由传闻得来的。讲到这件事，我们第一要知道，所谓“《春秋公羊传》”一名和“《春秋谷梁传》”一书实在都很后起。孔子作《春秋》，他自己没有说过，第一个说的是孟子。在孟子时，不知《春秋》已有了《传》没有。但战国诸子以及汉人所引的《春秋》常是《公羊传》里的文字，可见这本《传》出来很早。景帝时所任的董仲舒和胡毋生两个《春秋》博士，也都是所谓《公羊》学的。在《公羊传》中，引了许多《春秋》先师之说，有鲁子、有沈子、有司马子等等，也曾两度引及公羊子，可见公羊子只是《春秋》的先师之一，并不是这部《传》的作者。不知何年始称它为《公羊传》。有了《公羊传》这个名称，于是连带有所谓《谷梁传》。“谷”和“公”是双声，“梁”和“羊”是叠韵；为什么这两个作《春秋传》的人都是复姓，而且差不多是同音的复姓，事情竟这样地巧呢？现在，我们既经明白了汉博士的地位及其势力，就可以知道这是当时学《春秋》的人看见别经分家而《春秋》不分，因此想自立门户，把原来的《春秋传》改称为《公羊传》，表示它只是一家之言而不是唯一的《春秋传》；再把自己的意思另写一部《春秋传》，别树一帜，影射了《公羊》的牌子而为《谷梁传》。这正和北京的剪刀店有了王麻子再有汪麻子，杭州的剪刀店有了张小全再有张小泉，是同样的道理。我们只要看《谷梁传》中极多灾异之说，其立博士在宣帝之末（甘露三年，公元前51年），就可知道它必是西汉中叶以后的作品。再说《左氏传》，却是一部真古书。司马迁作《史记》时很多根据它，他曾两次说“左丘失明，厥有《国语》”，可见这部书实在叫做《国语》。刘歆在皇室的图书馆中见到了《国语》，喜欢它讲的春秋时史事详细而有趣味，比较《公羊》和《谷梁》专从咬文嚼字推求孔子著作的意思的大不相同，立志替它表彰一下，这原是学术界中应有的事，而且是极好的事。但那时是经学的全盛时代，如说这是战国时的左丘明编的一部春秋时的分国史，大家不会来睬你；现在改说这是春秋时的左丘明为《春秋经》作的《传》，他作《传》时曾和孔子商量过，所以这部《传》是最得孔子的原意的，那么，它的地位岂止超过《谷梁》和《公羊》，简直和《春秋经》“分庭抗礼”了。然而《国语》的原本仅是叙事，如何可以改作春秋的《传》呢？因此，刘歆只得引了《传》文来解《经》，并为它加进许多经说了。所以《左传》是一部真材料的伪书，它的其名是《国语》，它的伪物是经说。它不解经，它的价值在《公羊传》上；它一解经，反成了《谷梁传》的后辈。至于现在的《国语》，那是刘歆的删削之余。《左传》能不能再和《国语》并家，这须看我们将来的努力如何了。（关于这问题，可读清刘逢禄的《左氏春秋考证》，康有为的《新学伪经考》，崔适的《春秋复始》和《史记探源》，今人张西堂的《谷梁真伪考》。）

刘歆既编成了一部《春秋左氏传》，后来又说寻出了一部《毛诗》、一部《逸礼》、一部《古文尚书》。到他代了父职，当了学术的重任，就请国家把这些都列入博士之官。哀帝叫他先和“五经博士”讨论一下，但许多博士全不赞成：有的不肯表示意见；有的说：《尚书》二十九篇已经完备了，用不着更立《古文尚书》；有的说：左丘明是不传《春秋》的，哪里会有《春秋左氏传》。他于是写了一封很长的信责备博士们，大意是："孔子为了他的道不行，所以修订"六经"；但经过了战国的打仗、暴秦的烧书，他的原本已经看不见了。汉兴之后，一切制度没有可根据的，幸而得到一个叔孙通规定了些礼仪。那时天下的书只有卜筮用的《周易》，没有别的。惠帝时虽说废了藏书的禁令，但大臣们也不曾把经书放在心上。文帝叫晁错到伏生那边去受《尚书》，因为这部书刚从墙壁里拆出来，有的朽折了，有的散乱了。到武帝时，然后邹、鲁、梁、赵之间很有些《诗》、《礼》、《春秋》的先师。在这时候，一个人的力量不能独管一部《经》；举《诗》来说罢，有专管《雅》的，有专管《颂》的，要几个人合起来方成为一部完全的《诗经》。后来得了一篇《泰誓》，集合了许多博士才把它读出。那时汉兴已七八十年，离开全本的经远得很了。后来鲁共王要造自己的宫殿，把孔子的旧宅也围了进去，正在拆卸墙壁，忽然发见了许多古文字的书简；整理一过，知道其中有《礼》三十九篇、《书》十六篇（因为这《礼》是在博士的十七篇之外，所以称为《逸礼》；因为这《书》是用古文字写的，所以称为《古文尚书》。如倒过来称为《古文礼》和《逸书》，也是一样）。天汉（公元前100—前97年）之后，孔子的十二世孙孔安国献了上去，适值戾太子的巫蛊之难，没有施行。又《春秋左氏传》是左丘明所作，也是古文字的旧书，藏在秘府里。成帝命我们校书，得到这三种，来比较博士的本子（例如博士的二十九篇，《古文尚书》里也有），有的经是脱了几片简了，有的传是编排错乱了。到民间去调查，也有和这几种相同的。既经找出了这种好东西为什么不让立博士呢？以前所立的经和传，大都是相传的口说，现在已获得古人的真本了。难道你们宁可信口说而不信原本书吗？难道你们只信近代的经师而不信真的古人吗？你们只想守住一些残缺不完的东西，而没有从善服义的公心，这是我所深以为不合的！”这封信发出之后，许多儒者都怨恨他，几个大官对他攻击得尤其厉害。幸而哀帝帮助他，他没有吃眼前亏。他怕遭着意外的祸殃，请求外放，到河内等郡做了几年太守。

刘歆在秘府里找到几部古书，正和我们今日在敦煌千佛洞中找出许多唐人写本、在北京图书馆的乱书堆中找出几部内阁大库旧藏的宋版书一样，照现在想来，只该欣幸，哪有受怨恨攻击的道理。所以他会得如此，在汉儒大抵是出于嫉妒，怕古代的、详细的东西一立了博士，就把近代的、残缺的东西打倒了，把他们的饭碗摔碎了。至于我们对他下攻击，则因他不是客观地整理古书，而是主观地改编古书，使得许多材料真伪混杂，新旧错乱，他随意一动笔，害我们费了不知多少工夫才得纠正；而且没有原本对照，还不知道所纠正的恰当与否。他的作伪的痕迹是很显然的，例如他的信里所说的鲁共王坏孔子壁得古文经事，《史记》里就没有；共王死在武帝初年，巫蛊之难作于武帝末年，经过了三十余年的长时期，以古文经的价值之大，加以武帝的喜欢表章“六经”，哪会在数十年中寂寂无声之理。又那位献书的孔安国已早死了，也挨不到巫蛊之难。他写的信尚会当面说谎，何况私下窜入书内的东西。他逢着的便宜，是汉人太没有历史知识，几位博士只会捧住了自己的破书硬反对，不会在历史里找了证据来质问，所以给他骗过了好多年中的好多人。

刘歆以为经书中什么都残缺，有待于古文真本的校补；博士们反对他，就以为什么经都已完全了。这是两方面的观念截然相反的一点。刘歆表章的几部书，都说是古人用了古文字书写的，所以称为古文经；对比了用汉代文字写的，自然那边应当称为“今文”了。所以今文一名是后起的，在没有古文经与它对立的时候是不会有的。从此以后，经学分为两派；今文家与古文家不但本子不同，即经文的解释和所说的古代制度也都不同。东汉时，许慎为了分别今古文的异同，特作了《五经异义》一书。在这书里，我们可以看出，经书的内容是给汉人有意播弄得这样纷歧了。

第十三章　通经致用

现在，如有人拿了许多经书堆在我们的面前，问有什么用处，那么，我们可以干脆答道：用处不大。因为《诗经》里的诗已不能唱了；《易经》里的占卜是我们不信的；《礼经》和《礼记》中许多琐碎的礼节，看着也头痛；《春秋》中的褒贬予夺，完全为了维持统治阶级的尊严，决不是现代的伦理；《尚书》里记的说话，动不动叫着上帝和祖先，我们的理智也提不起这种信仰了。这种东西，实在只有一种用处，就是它的史料价值。汉以前的材料，存留到现在的太少了，除了甲骨文和钟鼎文之外，可见的只有这几部经书了。甲骨钟鼎的材料固然可靠，但都是零碎的，而几部经书则是较有系统的；把这较有系统的书本材料来连串无系统的地下实物，互相印证，于是我们可以希望写出一部比较真实的上古史（完全真实是不可能的）来，使得人们知道我国古代的民族和社会究竟怎样，我们的先民辛苦缔造传给我们的是些什么，这是它的唯一的用处。这用处的表章，也是我们所肩着的新时代的使命。

上面说的，只是现代的我们的话；如果把这番意思说给汉代人听，他们决不会了解。他们以为无论什么大道理都出在经书里，而且这种道理有永久性，所谓“天不变，道亦不变”，经是道的记载，所以也不变了。易学家说：易理是弥漫于天地之中的，万物的现象莫不从易理里变化出来，一切人生日用的东西也莫不是圣人们看了《易》的卦象而造出来的。春秋家说：《春秋》的第一句就是“元年”，元是根源的意思，表示它存在于天地之前，作万物的根本，所以《春秋》之道是用了元的精深来正天的端兆，还用了天的端兆来正王的政事的（这话很不好懂，但经学的神妙就靠在这不好懂上）。照这样说，经书不成“天经地义”再成什么！经既成了天经地义，当然一切的用处都要从这里边搜寻出来了。

他们的应用方术，简单地举出几个例，就是所谓“以《春秋》决狱，以《禹贡》治河，以三百五篇（即《诗经》）当谏书”。

为什么“以《春秋》决狱”呢？因为《春秋传》里说孔子作《春秋》，褒这个、贬那个，都有他的理由；这些理由就是这人那人的功罪，也就是孔子定的法律。审官司时引用孔子手定的法律，这是何等地尊严而又漂亮。所以张汤做了廷尉（武帝元朔四年，公元前125年），他就聘请读《尚书》和《春秋》的博士弟子任廷尉的史，用古义来判决大狱。淮南王谋反的案子（元狩元年，公元前122年），武帝派董仲舒的弟子吕步舒去查办，他不等奏书的批准，就用《春秋》之义一一判定了罪名；武帝也不斥他专断。征和二年（公元前91年），武帝听了江充的谗言，疑太子据用了巫术咒诅他早死；太子气不过，把江充杀了。一时长安扰乱，丞相发兵打他，他逃到湖县（汉京兆尹东部，在今河南阌乡县）自杀。这就是所谓“巫蛊之难”。但因太子逃在外边，很有谣传说他没有死的（正和明的建文帝一样）。昭帝始元五年（公元前82年），有一个男子头戴黄帽，身穿黄衣，乘了黄犊车，车上插了黄旗子，投到宫门，自己说是武帝的太子。那时长安吏民听得太子隔了十二年回来了，惊奇得很，奔去看的有几万人。昭帝命令一班大臣验看，没有一个人敢说是或不是的。京兆尹隽不疑最后到，立刻吩咐随从的人把他捆起来。旁边大官们上前劝止，说：“这是不是前太子还没有定，你为什么这样鲁莽呢？”隽不疑答道：“就是真的太子，诸君也何必怕！从前卫灵公的太子蒯聩得罪了他的父亲，出奔晋国。后来灵公死时命他的孙儿辄（蒯聩的儿子）继位。晋国得悉了他的死讯，把蒯聩送回来，辄竟拒而不纳。《春秋》上说他做得很对，因为从了祖父的命令就该这样。前太子得罪武帝，逃在外边不死，到现在归来，依然是个罪人，应当法办，没有疑问！”廷尉审讯的结果，这位太子果然是冒充的，腰斩了。昭帝和大将军霍光听得，佩服他的能干，赞叹道：“一定要用了读经书的人做公卿大臣，才会这样明白大道理呢！”这件事固然做得不错，但《春秋》之学讲究“诛心”，实在也免不了流弊。例如《经》上写“许世子（即太子）止弑其君买”（昭十九年），《传》中说：许太子并不曾弑君；孔子所以这样写，只因依照礼法，父亲生病服药，该得由儿子先尝，以免中毒，现在许悼公服药时，这位太子没亲尝，他吃错了药死了，这就是太子的不尽子道，该负弑君的责任的。在这种苛刻的诛心论之下，不知害了多少无罪的人。倘使现在还保留得汉朝廷尉的档案，我们一定可以找出好多屈死鬼呢。《汉书·艺文志》上载着《公羊董仲舒治狱》十六篇，这是“以《春秋》治狱”的一部原理书，可惜现在看不到了。

禹治洪水是古代一件极大的故事；《禹贡》一篇就是记他治水的经过的，列在《尚书》的《虞夏书》中。固然这篇未必真是禹所作，却也不失为中国地理学史里第一篇大文字。在经书中，讲地理最有系统和最有真实性的，也推着它了。汉人治水，用了它作根据，在没有科举的地理学和河海工程的时候，也不失为一个办法。只是《禹贡》本书太简略了，只能使人知道些水道的大概，不能给人以治水的整个计划。黄河是最多决口的，武帝元光三年（公元前132年），在瓠子决了。过了二十余年（元封二年，公元前109年），武帝封禅泰山回来，到决口地方，决心把它塞住，就命随从的官吏们各人背了柴薪填塞下去，工作的徒役有数万人，柴薪用完了用竹子；果然把决口填平。造一个宫在上面，称为宣防。他们又导河水北行，分为二渠，减杀它的怒势，算是恢复了禹的旧迹。但是，过了些时候，黄河又在馆陶决口，分为屯氏河，也入海。元帝永光五年（公元前39年），黄河又决鸣犊口，屯氏河也绝了。这些下流的变迁使得人们想起了《禹贡》里的“九河”。这九河不知道是整整的九条河呢，还是表示其数目之多呢；是长长的河流呢，还是黄河入海处的三角洲呢；要之，总是黄河下流分汊甚多，禹为了宣泄水势而分布着的。所以那时的人常想开浚九河，继续禹的功绩。可恨《禹贡》里只提了九河这个总名，没有说是哪些；费了他们好多的力量，只寻出徒骇、胡苏、鬲津三条河来。那时有一个博士许商，专治《尚书》，又懂得数学，被任为将作大匠，转为河堤都尉，研究了好多年的治河方法。到哀帝初年，因平当（先前也是博士）对于《禹贡》很有研究，使他接管河堤的事。他奏说："禹的九河现在差不多都湮没了。按照经义治水，只有分泄和浚深的办法，没有用堤防来壅塞的。现在黄河下流的水道太不分明，应当寻觅开河的人才。"但是那时的学术久已定于一尊，读《禹贡》的人虽多，会开河的却没有，所以到了王莽的时候，黄河又大迁徙了一次。

昭帝去世（公元前74年），无子，霍光迎立昌邑王贺（武帝的孙儿）为皇帝。他在自己的王国里是荒淫惯了的，那时他的郎中龚遂曾谏他道："大王曾读了《诗》三百五篇，人事应该通晓了，王道也该认识了。试问您所作所为，合于《诗》中的哪一篇？大王虽说做了王，恐怕您的品行连平民都不如呢！"及至他做了天子，霍光见他越弄越不像样，下个决心，把他废了；把他带来的一班臣子都送到监狱里去，好多人是杀了。只有龚遂和一二人曾经谏劝过他几次，得减死一等，罚做苦工。还有一个他的太傅王式，查无谏书。审判官责问道："你为什么不谏？"答道："先前我把《诗》三百五篇早晚教王。每当读到忠臣孝子的诗，没有一次不对王反复几遍的。读到了危亡失道的诗时，又没有不流了泪来讲的。我已有了三百五篇作谏书了，所以没有写谏书。"审判官把这套话奏上去，他也得免于死罪。后来成帝时有一位匡衡，他是学《齐诗》的，上疏戒后妃道："夫妇之际，是生生之始、万福之原，所以一定要婚姻之礼正了，然后天命可以保全。孔子编《诗》，为什么把《关雎》列在第一篇？只因后夫人的品行如果不合于天地，就没法接续神灵的统绪。《诗》上说：'窈窕淑女，君子好逑'，这是说女子的贞淑之德可以不改她的操守，情爱的刺激又可以不表现于她的容貌，这样的又坚贞（淑），又幽深（窈窕），然后可以和至尊的皇帝相匹配。这真是人伦纲纪的第一项，教化的开端呵！……"诗是主于发抒情感的，情感与理智常常不容易得到平衡，所以这三百五篇里有的愤怒，有的颓废，有的浪漫，本来不尽可作道德的规律看。就是第一篇《关雎》，原是一首单相思的情诗，何曾和后夫人配至尊发生关系。但那时的经学家要求"通经致用"着了迷，一定要用了道德的观点把全部书拉到一种训诫的目标之下，以便做他们的谏书的材料。所以他们对于理智的作品（像《雅》、《颂》里的赞美文王、武王），就以为这是太平盛世的榜样，孔子选进去作鼓吹之用的；碰着了情感的作品（像《国风》里的数十篇情诗），就曲解为"思贤才"，或径说为孔子特地留着做炯戒的。他们为要劝道君主，又把任何私人的喜怒哀乐之情都说成了君主的善恶的感应，以至人民只成了木偶。大家如去一读东汉初年卫宏作的《毛诗序》，就可知道一部活泼泼的《诗经》已如何被他生吞活剥地谏书化了。

讲到致用，最重大的莫过于政治；现在试举一个应用经学的例。宣帝神爵四年（公元前58年），匈奴人争夺单于的位子，国内大乱。许多人以为他们侵害中国已久，现在内乱了，正好趁这机会把他们灭了。大鸿胪萧望之独持异议，他说："春秋时，晋国派士匄去打齐国，走到半路，听说齐灵公死了，士匄就带了兵回去。孔子很称赞他，因为敌国不幸遭了丧事，就表示同情，停止征伐，这是一种伟大的精神。前年握衍单于派人来请和亲，中国人知道不打仗了，很喜欢；现在他死于内乱，我们反而进兵征伐，这完全是一种幸灾乐祸的心理。不义之兵是不会有成功的。我们只该遣使吊问，救他们的灾难。"这种态度确实大方，所以宣帝依从了他，后来呼韩邪单于就自来归顺了。还举一个例。武帝平了南越，在现在的广东海南岛上立了儋耳和珠崖两郡。那边风俗强悍，受不惯汉官的干涉，隔了几年即起一次反抗，把官长杀了。因为反抗的次数特别多，朝廷感觉派了很多的官员去管理也无谓，便把儋耳并入珠崖。元帝初元元年（公元前48年），珠崖又反，当时很想多开些军队去攻打。待诏贾捐之建议，以为不必。元帝派人问他："你的意见在经义上有什么根据？"他道："尧、舜、禹是最大的圣人，然而他们的地方不过数千里，《尚书·禹贡》中载明了疆界。至于四方夷狄，来归化的他们固然受了，不归化的也不去勉强。秦始皇不学圣人的好样，专想开辟四境，弄得天下溃叛，他的基业也就一败涂地。珠崖是海中的一个岛，多毒草和蛇虫，那边又没有文化，本来不值得立郡县的。我的意见，以为凡不是戴冠束带和中国人相类的地方，凡不是《禹贡》所说到的和《春秋》所记着的，都可以把我们的政治机关裁掉。”元帝听了他，海南岛就不算当时中国的地方了。这件事的功罪却很难说。秦皇、汉武的辟地固然有些穷兵黩武的野心，然而倘使他们死守了黄河下游的文化区域，到今天中国或者已不是这个样子。那时汉人看做与天地相终始的经书中所记的道理，既然绝不主张向外发展，读者们受了这个暗示，自然要以《禹贡》的疆域为满足了。

上面叙述的改制、封禅、巡狩、郊祀以及灾异、祯祥诸说，无一不和通经致用有关系。固然有许多是经书里所没有的，但狡猾的经学家总会设法讲得它有，或者竟把假材料插入真书，算做确实的证据。

经书中的事实在古代都有所以发生的背景，要一一在后世复现，固然不会全无价值，但也决不会完全对，因为时代背景已变换了。自从汉人把“五经”看做天经地义，又把自己的意见和当代所需要的东西涂在上面，弄得今不今，古不古。要致用罢，却时常以今古不同，真假不明，逢到窒碍。说研究学问罢，学问的基础不建筑在求真上，先圣先师的权威又特别大，既不能跳出他们的圈子，如何可以有进步的希望。弄到底，经既不通，用又不达，大家所有的只是缴绕文句的技术和似是而实非的智识而已。

第十四章　王莽的受禅

自从墨家倡导了尚贤之说，主张君位应为禅让制，托之于尧、舜，这学说一时很风行，连主张贵族政治的儒家也接受了。一种学说既经鼓吹了起来，当然有实行的。燕王哙时，以子之为相，他们君臣之间情投意合。燕王哙就把国事交给子之，叫他南面为王。子之做了三年的王，燕国大乱；齐王趁这机会进兵，打了一次大胜仗，几乎把燕国灭掉。这禅让制的第一次试验就很糟。

汉武帝穷兵黩武，用财无度，弄得天下骚乱。信五德说和三统说的人以为汉的气运已尽，该得换朝代。昭帝元凤三年（公元前78年），《春秋》学家眭弘借着泰山上的大石自立的奇迹，根据了董仲舒的受命说，劝昭帝禅位贤人。结果，尧、舜的牌子抵不过汉帝的实权，他以妖言惑众之罪伏诛了。到宣帝神爵二年（公元前60年），司隶校尉盖宽饶又根据了韩氏《易传》，请宣帝学五帝的“官（公）天下”，不要像三王的“家（私）天下”。无奈禅让的事情，言之虽美，真要干时却无异“与虎谋皮”，所以他也得了大逆不道之罪，因不愿下狱而自刎了。人民对于汉室早已失掉了信仰，然而禅让之说既行不通，革命之事又起不来，于是陷在无可奈何的僵局之中，天天听经学家讲灾异，把汉帝攻击得体无完肤。甘忠可想出一个调停的方法，说汉的气运虽尽，但上帝还许其再受命。哀帝初时信了他，改元改制，似乎有些新气象，不幸不到两个月又取消了。这样沉闷地度过了八十年，大家寻不到一条出路。

元帝的皇后，成帝的母亲，是王政君。王氏一门为了她的关系，经常把持最高的政权。这位王太后有一个侄子，名唤王莽，是礼学的专家。他的弟兄们都因门庭贵显，非常骄奢浮华，他却节俭恭敬，像一个穷读书人一样。永始元年（公元前16年），封为新都侯。他爵位愈尊，态度愈谦，名誉极好。哀帝去世，王太后任他为大司马，迎立九岁的中山王为皇帝，就是平帝。元始元年（公元1年），他示意益州塞外的夷族，自称越裳氏，重译到汉廷献白雉一，黑雉二。为什么要自称越裳氏、献白雉呢？因为《尚书大传》里说：交趾的南面有一个越裳国，当周公摄政六年，制礼作乐，天下太平之后，他们骑了三匹象，带了几重的翻译员，到中国来献白雉。成王叫他们转送给周公。周公问道：“你们为什么送给我们呢？”他们的使官说：“这几年，我们国里不曾有过烈风和淫雨，许多老年人都觉得奇怪，他们说：‘恐怕中国出了圣人了’，所以派我们来进贡的。”据汉代的经学家讲，武王死了之后，成王年纪幼小，周公保了这幼主，摄政七年，成了太平之世。王莽此日的地位正与周公相像，所以他要根据经传，重演这个历史上的佳话。越裳氏这样来了，王莽就是一个活现的周公了。周公托号于“周”，他也当讬号于“汉”，所以王太后就赐他“安汉公”的称号。从此以后，各处不断地发现祥瑞，五年之中出了七百余件。武帝以后，汉家的国运被灾异说打得奄奄欲绝，到此时竟有大批的祥瑞出现，这真是全国人视听上的一个极大的转变，足以唤起他们的光明的希望的。可是以前的灾异说是汉受其殃，现在的祥瑞说却非汉得其利，因为鼓吹这一说的人本来只为自己打算呵！

王莽是礼家出身，所以要把所有的礼制都用他自己的意思改变过，使它成为极整齐的一大套。自从国家的宗庙、社稷、封国、车服、刑罚等制度，以及人民的养生、送死、嫁娶、奴婢、田宅、器械等品极，他没有不改定的。这确是一代的大手笔，而他也更像那位“思兼三王以施四事”的周公了。

元始四年，王莽的女儿立为皇后。太保王舜等向太后奏道：“至德大贤的人，生当有大赏，死当为宗臣（配享太庙），例如殷的阿衡伊尹，周的太宰周公。安汉公和他们一般，应当进位才是。”附和的八千余人上书也这样说。于是王太后摘取了“阿衡”和“太宰”的两字，赐王莽以“宰衡”的称号，表明他是合伊尹和周公为一人的；又加增了他多少新野的封地。他受了宰衡，辞了封地。因此一辞，又把古史上的佳话复演起来了。《史记》里讲：周文王为人太好，所以诸侯之间有不能解决的事情就请他去判断。有一次，虞国和芮国的人打官司，相持不下，同到文王那边去。他们一进了他的国境，只见种田的人让田界，走路的人让年长，自己心里惭愧起来，叹口气道：“想不到我们所争的就是周人所耻的。不要去罢，去真是丢脸呢！”他们彼此一让，这官司就完事了。因为古代曾有这件故事，所以王莽一辞了加封的地，就有蜀郡男子路建等撤销诉讼，自称惭怍而退。王舜等又赶紧上奏书，说安汉公至德感人，虽文王的却虞、芮之讼也不过如此了。

就在这一年，王莽奏起明堂、辟雍、灵台，为读书人筑一万间的宿舍，又作市常满会，制度甚盛。群臣又上奏书请求道：“从前周公是文王之子，在公侯中占第一位，尚且经过了七年的长时间方把制度规定。明堂和辟雍诸制已经废了一千年，没有人能够兴复的。现在安汉公起于民间，仅仅执政四年，功德已经这样的昭著。虽唐、虞和成周，也不能更好了。宰衡之位，应当列在诸侯王的上面才对！”这时，被欺骗的人们因王莽不受新野田而上书的，前后达四十八万七千人，都请加重赏赐安汉公。王莽苦苦辞谢，请待制礼作乐之事完了再说。但太后不许，她令群臣们议“九锡”的典礼。公卿、大夫、博士、议郎、列侯九百零二人根据《周官》和《礼记》等书议定了，王莽就领受绿韨、衮冕、鸾路、龙旂……许多尊贵的东西。

王莽这样一干，一时天下顿现升平的气象。他看西方的羌人还没有表示，便派中郎将平宪等带了很多的金币，骗他们献地内属；这事果然成功。平宪等奏道：“羌人领袖良愿们一万二千人愿献鲜水海、允谷、盐池，把平地美草之区都让给汉人居住，自己搬往险阻的地方做我们的屏藩。我们问良愿们为什么要归顺，他们答道：‘太皇太后（王太后）圣明，安汉公又极仁爱，所以天下太平，五谷成熟，禾有不种自生的，茧有不蚕自成的，甘露从天降，醴泉从地出。四年以来，羌人太安乐了，知道这都由于朝廷德泽的涵育，所以很愿意归顺。’……”王莽接受了他们的请愿，就把羌地立了一个西海郡。接着，他又用了经义改定十二州的名称。

王莽的势力和声望高到了这等地步，他不做皇帝再做什么，所以汉的宗室泉陵侯刘庆上书，就直接痛快地说：“《尚书》里，周成王因幼小称‘孺子’，那时周公代行天子的事。现在皇上年龄也小，安汉公应当照周公的办法，践天子之位以治天下。”刘庆既有这等提议，群臣自然应声说：“对呀！”然而王莽行了天子事，将置平帝于何地呢？所以平帝就不得不于这年的十二月里夭亡了。在他病着未死时，王莽作了祝策：请命于泰畤，愿以身代。祝毕，把策藏在金縢的柜子里。他为什么要这样做？原来这件故事出在《尚书》的《金縢篇》中，当武王生病时，周公是曾经这样做过的。

平帝十四岁死。那时元帝的一系绝了；宣帝的曾孙有五十三人，玄孙有二十三人。经过王莽的卜相之后，只有玄孙中最幼的广戚侯子婴最吉利，所以他就嗣了位，称为“孺子婴”，只有两岁。就在这一个月里，前辉光谢嚣奏武功长孟通开井，掘出一块白石，上圆下方，有八个红字写在上面：“告安汉公莽为皇帝”。这奏书一发表，王舜等就请太后下诏，说：“皇帝方在襁褓之中，没有一个大贤人，天下是不能安定的。安汉公的德行和功业，和周公异世同风。现在井中发现的白石之文，我们想来所谓‘为皇帝’者，乃是摄行皇帝之事也，应令安汉公践天子之位，一依周公的故事！”从此王莽服了天子的韨冕，南面朝群臣，出入警备清道，人民对他自称“臣、妾”，一切和天子一样；祭天地和祖宗时他自称“假皇帝”，人民称他为“摄皇帝”。

汉的宗室固有劝王莽行天之事的刘庆，但也有怕王莽移汉祚的刘崇。他在居摄元年（公元6年）起兵讨伐，不幸败了。过了一年，东郡太守翟义立了严乡侯刘信为天子，发檄到各郡各国，说王莽毒杀平帝，志在篡位；响应的有十余万人。这次声势浩大，所以王莽很害怕，日夜抱了孺子婴到郊庙里祈祷，又模仿《尚书》里的《大诰》而作了一篇新的《大诰》，布告天下。他为什么要模仿《大诰》呢？因为照那时的经师说，这篇文字是周公摄政时，他的弟弟管叔、蔡叔们不满意他，联合了纣子武庚打他，他作这篇以自明的。现在王莽碰到相同的困难了，所以完全脱调，作这最后一次的模仿。他的运气真好，翟义们又给打灭了。从此他的气焰更高，自以为得到天和人的帮助，真有做皇帝的资格。

居摄三年（公元8年），又出了几件符瑞。其一，齐郡临淄县的一个亭长在一夜里得了几次梦，梦见一人向他说：“我是天公派下来的。天公叫我通知你，摄皇帝应做真皇帝。你如不信，试看我在这亭中开一口新井。”明天，亭长起来，亭中果然发现了一口新井，几乎有一百尺深。此外，还有巴郡的石牛、扶风的石文，都运到长安。王莽、王舜等去看，忽然狂风大起，对面不相见。等到风停，石前留着一幅铜符帛图，上面写着："天告帝符，献者封侯。承天命，用神令。"于是王莽把这符瑞奏上太后，说道："天命不可不畏。我请求对上帝、祖宗及太皇太后、孝平皇后说话都称'假皇帝'；至于号令天下和天下上奏书都直称'皇帝'，不加'摄'字，借以顺应天命。居摄三年，请改为初始元年。我总尽心竭力，教育孺子，使他将来可以和周成王一样地好。等他长成时，我再让位，如周公的故事。"

那时有一广汉郡人哀章，在长安读书，素来很没有品行。他看见王莽居摄，猜到他的心事，就预先做了两个铜柜，柜子上面一个写"天帝行玺金匮图"，表示是上帝的命令；一个写"赤帝行玺邦传予黄帝金策书"，表示是五帝中的赤帝传授给黄帝的，这赤帝便是汉高帝。书上说：王莽应当做真天子，太皇太后应当顺着天命。又把那时的大臣姓名写上，自己也挨了一个。他听得王莽把铜符帛图奏上去了，当天晚上，就自己穿了黄衣，把这两个柜子送到高帝的庙里。王莽得信，正中下怀，翌日前往，拜受这高帝的禅让。他下诏书道："我很侥幸，托于皇初祖考黄帝的后代、皇始祖考虞帝的苗裔和太皇太后的亲属。现在皇天上帝既经付给我天下兆民，赤帝汉氏高皇帝的神灵又承了天命而传国给我，我敬畏天命，哪敢不受！即日登真天子位，定国号为新。正朔应改，服色应易，着以十二月朔癸酉为始建国元年正月朔，服色配土德尚黄，牺牲应白统尚白。”他又封孺子婴为定安公，给以百里之地。封策读完时，他亲执了这孩子的手，流泪道：“从前周公摄政，终使成王复位。现在我竟迫于皇天的威命，不得如愿了！”他照了这符命设立官职，哀章就任为国将，封美新公，和国师嘉新公刘歆同列于上公之位。

从此以后，中国的历史上，凡是换朝代而出于同民族的，便没有不依照这个成例，行禅让的典礼的。所谓征诛，只供异民族的使用罢了。王莽固然不久失败，但这“心法”是长期传下去了，直到袁世凯的筹安会还是如此。

第十五章　汉的改德

我们读上一章时，应该觉得奇怪。汉高帝自以为是水德；其后经过了好多人的抗争才改为土德。武帝太初元年，宣布改制；他用了三统说定正朔，用了五德说定服色。因为汉是黑统，黑统建寅，故以正月为岁首；又因汉是土德，土德尚黄，故以黄为服色。这件事再清楚没有。现在王莽受禅，他在三统说中自居于白统，所以定十二月为岁首，牺牲的颜色用白；白统本上承黑统的，一点没有问题。但何以他在五德说中竟自居于土德，和汉的制度一样呢？又何以哀章作的铜柜上写“赤帝邦”，王莽的诏书里又称“赤帝汉氏高皇帝”，竟把汉朝说成了火德呢？依照邹衍的说法，后代是用了前代所不胜之德去克伐前代的，所以夏用木德而克黄帝的土德，秦用水德而克周的火德。汉就算是改为火德，继承它的也应是水德，何以王莽竟是土德呢？这事说来话长，请大家耐心听着。

王莽不是在诏书里说过吗？他是黄帝的后代，虞帝的苗裔。黄帝为土德，在这名号上就很清楚。虞帝为土德，《淮南子》里也曾提起。既有两代土德的祖先，他不当为土德吗？这是理由之一。历来的得天下有两条路：一是唐、虞的禅让，二是殷、周的征诛。邹衍之说主“五德相胜”，要后代去克伐前代，这对于以征诛得天下的殷、周固甚适用，可是对于以禅让得天下的虞、夏有些不恰当。王莽是早预备受汉的禅让的，他肯用相胜式的五德说吗？这是理由之二。只要记得这两个理由，这个问题就迎刃而解了。

王莽著有一部家谱，称为《自本》。上面说：黄帝的八世孙是虞舜。虞舜的后代妫满，周武王封为陈侯。妫满的十三世孙陈完，字敬仲，因国乱奔齐，齐桓公命他为卿。陈完的十一世孙田和，占有了齐国；过三世，称齐王。到王建时，给秦灭了。项羽起兵，封王建的孙儿田安为济北王。后来田安失国，齐人称为王家，他们就姓了王。田安的曾孙王贺，在武帝时做绣衣御史，逐捕魏郡群盗，全活甚多。他搬家到魏郡元城县住，那边的人很感激他，有一个老年人说：“从前春秋时沙麓崩，晋国掌占卜的史官曾说：‘阴为阳雄，土火相乘。过六百四十五年，此地该有圣女兴，大概是齐国的田氏吧？’现在王家正搬在沙麓，时候只差八十年了，想来将有圣女兴起来了。”这句话果然应在王政君的身上。王莽靠了这位圣女的力量，平步上青云，从新都侯直做到皇帝。晋史所说的阴为阳之雄，土与火相乘，这预言应当实现了。王莽是土德的皇帝的子孙，当然继续其土德，而他所代的也自然是火德了。可是有一件难处，汉分明是土德，如何可以把这土德让与代汉的新而改居于火德呢？

我们所感到的困难，从汉人看来是不难的，因为他们有造伪的本领。他们说：王莽是舜后，汉高帝应是尧后；王莽受汉高帝之禅，正像舜受尧禅一样。这样讲来，王莽做皇帝一事就不是他的阴谋的成功而是前定的事实了。但如何可以把汉高帝说成尧后呢？

汉高帝起于平民，大刀阔斧，打出了天下。他不像王莽的出于世家，他没有什么家谱，他也不想造一本假家谱。所以司马迁生在武帝之世，替他作《本纪》，只能说“父曰太公，母曰刘媪”，他的祖父是谁，已经不知道了。其实，就是他的父母也何尝真知道！“太公”只是“老太爷”的意思，“刘媪”则是“刘老太太”，究竟高帝的父亲叫什么，他的母亲姓什么，连这一点最基本的史实也渺茫了。他起于平民，可羞吗？不，不但不可羞，且很可夸。只要看司马迁说的“秦始皇怕诸侯起兵，不给人尺土之封，然而王迹起于闾巷之间，讨伐之功超过了三代，这不是书中所说的大圣人吗？这不是天意吗？如果不是大圣人，怎能受了天命做皇帝呢！”这句话的用意，是要使人知道高帝的起于平民正可表示其出于天意；他的身份越是微贱，所表示的天意就越明白。

但到了王莽之世，平民的汉高帝也不得不装做世家了。刘歆是改造《国语》为《左传》的人，他就淡淡地在《左传》里插入三段关于刘家上代的文字。把这三段文字综合起来，便是：陶唐氏后有一个刘累，会得养龙，夏王孔甲用了他管养龙的事，赐他为御龙氏。有一天，那条雌龙死了，他私下把它烹给夏王吃，吃得很好。后来夏王要他找出这条龙来，他心中害怕，逃走了。他们这一家，传到商代称为豕韦氏，传到周代称为唐杜氏。周宣王杀了杜伯，他的儿子隰叔奔晋。四世到士会，受封于范，为范氏。士会因事逃奔秦国，很受秦康公的宠用；晋人设法把他骗了回来。秦公很好，把他的家眷送回晋国；但还有一部分留在秦国，就改为刘氏。刘氏既是陶唐氏的子孙，那么，汉高帝为尧的后代这件事就可以确定了。他们又继续编下去，说道：战国时，刘氏从秦搬到魏；后来从魏往东，住在丰邑，为丰公；丰公就是高帝的祖父。

高帝是尧后，王莽是舜后，这个方式，他们已这样地布置妥帖了。至于王莽是土德，高帝是火德，这一说乃从五行相生说来的。五行相生的次序，是木生火、火生土、土生金、金生水、水生木。王莽的天下是汉高帝传与他的，只有祥和，毫无克伐，所以该得用相生说而不用相胜说。王莽既为土德，这方式当然是“火生土”。因此，他们又替汉高帝造出一件火德的符瑞。他们说：高帝做平民的时候，有一夜喝醉了酒回家，经过一带洼子，叫一个从人在前边走。这前行的人忽然转身回来，报道：“有一条大蛇当着路，走不过去了。”高帝斥道：“壮士走路，怕什么！”他一直向前，看见了这条大蛇，拔出剑来一砍，砍成两段，走过去了。再走了数里，困倦了，躺在地上。后边来的人经过这死蛇的地方，见一个老婆子正在哭。问她哭的什么，她道：“我的儿子给人杀了！”又问：“你的儿子为什么给人杀了呢？”她道：“我的儿子是白帝子，变了一条蛇当着路；刚才给赤帝子砍死了！”这人以为她是乱说，要打她，忽然她不见了。他往前走，经过高帝睡的地方，高帝醒来，他一五一十地说给他听。高帝知道自己有天子的身份，大喜；手下的人听得了这件事，对他就愈加敬畏。——这件故事是由他们编了插入《史记》的。有了这一件故事，高帝之为火德也确定了。可是一手掩不尽天下目，到现在，我们要问：高帝既是火德，为什么他即位之后，要自居于水德，袭用秦的正朔和服色呢？又为什么汉的德运，从文帝闹到武帝，经历了五十余年，而所争的只有水德和土德，却从没有人想出高帝斩蛇的故事，说汉应是火德呢？这件故事是汉家的受命之符，立国的基础，如何竟“数典忘祖”了呢？

高帝以赤帝子斩白帝子，象征汉的灭秦。但秦为水德，这是千真万确的事情。水之色黑，为什么会变成白帝子？原来这是依照他们得天下的方式而定的。因为王莽是土德，依相生说，禅让与他的应是火德（赤帝）；汉是火德，依相胜说，被他所征诛的应是金德（白帝）。所以这秦为金德之说仍是把王莽的土德作为出发点的（这是王莽等的初期之说，后来他们又不主张秦为金德了，见下章）。

王莽所以改汉为火德，其宗旨原在夺取汉的天下。哪知光武帝就利用了这一点，来做“光复旧物”的事业。光武帝名秀，是高帝的九世孙，在南阳做庄稼人。王莽做了皇帝的第六年，他到长安读书，读的是《尚书》。地皇三年（公元22年），南阳闹饥荒，劫杀蜂起。有一个李通把图谶给他看，上面写着“刘氏复起，李氏为辅”，劝他起兵。打了三年，势力很大，他手下的将官劝他做皇帝。他正在迟疑之间，先前的长安同学强华从关中带了《赤伏符》来。符上写：“刘秀发兵捕不道，四夷云集龙斗野，四七之际火为主。”符上既分明说了刘秀当以火德为天子，于是群臣又奏道：“现在上无天子，海内淆乱。受命之符明白如此，亟须答谢上帝，以副人民的希望！”那时他们在鄗（今河北省隆尧县北），就在鄗南千秋亭设了坛场，燔燎告天，即皇帝位。后来他到了洛阳，定都起庙，案图谶，推五运，就正了火德，色尚赤。那时人还讲起光武帝的两件故事：一是他降生时，有赤光照耀室中；一是他初起兵时，远望舍南火光冲天。他以火德王天下，无论在图谶上看，在符瑞上看，都是确定不疑的了。

后世的人称汉代为“炎汉”或“炎刘”，就是这样来的。

第十六章 古史系统的大整理

王莽把汉高帝说成了尧后和火德，就满意了吗？不，他还有未完的工作。一来呢，他的两个顶有名的祖先，是黄帝和虞舜；虞舜受尧禅即为新莽受汉禅的张本固然安排好了，黄帝和前一代又如何可以与新和汉发生关系呢？这一点却还没有说明白。二来呢，他是一个主张比较彻底的人，所以一不做，二不休，索性准备把全部古史在他手里重新整理一过。我们讲到这一个问题，首须明白，那时人的历史观念和我们不同。我们知道，社会是时时在变动发展的，历史是决不会复现的。而他们则正和我们反对，以为如果不会复现便不成其为历史。他们觉得历史是走马灯，来了又去，去了又来。五德说主张五个德循环，三统说主张三个统循环，就是这个观念的具体表现。王莽处处模仿周公，宛然周公再生，也是这个观念的具体表现。

邹衍当初创五德终始说时，只从黄帝说起，黄帝之后就是夏，夏后是商，商后是周。虽说“周而复始”，其实连第一次的循环还不曾周遍。所以然之故，大约黄帝是当时传说中的第一个天子，至于尧、舜们则是属于黄帝的一个朝代的。其后古史系统愈说愈长，黄帝之前有神农，神农之前有伏羲，拿他们并在黄帝的一个朝代里似乎不妥当。因此，五德说就有伸展的需要。在董仲舒的书里，有三王，有五帝，有九皇。什么叫九皇？就是从当代往上数，数到的第九代。最近的三代叫做“王”，稍远的五代叫做“帝”，最远的一代叫做“皇”，时代愈远，称号愈尊。所以他以为夏、商、周的君主称王，乃是周人之说；从汉人说来，商和周还是王，夏便是帝了。他举了一个周代的例，说：舜本是王，但从周人看他，已经超过了三王，该称帝了；轩辕是周的前八代，为五帝之首，所以称为黄帝；神农本来是五帝，现在列在第九代，该为九皇了。周人既能上溯到九代，秦自能上溯到十代，汉也当然可以上溯到十一代。这比了邹衍所说的就伸长了一倍。

既有比邹衍之说伸长的代系，而且五行相胜说之外另有一种五行相生说，于是他们要创造一个新系统时，就可根据了这两点，重排五德终始表了。他们说，《易传》里有一句“帝出乎‘震’”，“震”是东方之卦，东方于五行属木，可见帝王是应从木德开头的。最古的帝王是伏羲，所以伏羲应是木德。从此以母传子，以子承母，代代相生，五行之运周而复始。这便是第二种的五德终始说。它虽和邹衍之说同名，而且这思想也由邹衍来，但帝王的代系和继承的方式都和前者不同，也可算得古史界的一度革命。

我们从周、秦诸子和《史记》里看，知道黄帝之前为神农氏。神农氏传了十七世，衰了。那时称雄的有炎帝，有黄帝，有蚩尤。黄帝先起兵和炎帝战于阪泉之野，后来又和蚩尤战于涿鹿之野，都胜利了，于是诸侯尊黄帝为天子。这种记载固然未必可靠，但炎帝和黄帝是神农氏末世的两个对立的雄豪，这意义是很显明的。《封禅书》中载的管仲论封禅的一段话，也说“神农封泰山，禅云云。炎帝封泰山，禅云云。黄帝封泰山，禅亭亭”，可见炎帝是在神农和黄帝之外的一个帝王。但是他们依据了“木生火，火生土”的原则，定伏羲为木德，黄帝为土德，则夹在中间的神农当为火德；神农是种田的，田应属土，生出来的禾稼应属木，如何可以算作火德呢？他们说：不妨，只消把炎帝和神农拍合为一个人就得了！于是这位古帝称为“炎帝神农氏”，他的火德的意义在名号上已经表现了出来。

他们定汉高帝的祖先为尧，尧是火德。依据“木生火”的原则，尧的上一代帝喾自然是木德。又依据“水生木”的原则，帝喾的上一代颛顼自然是水德。但是颛顼的上一代就是黄帝了，黄帝的土德是不能改变的，依据“土生金，金生水”的原则，黄帝既不能用了自己的土德下生颛顼的水德，颛顼也不能用了自己的水德上承黄帝的土德，这事怎么办呢？他们说：不妨，补上一代金德的帝王就是了！他们看古时东方有两个雄长，一个是太皞，一个是少皞（皞，亦作昊），就请少皞填了这个空缺，更加以“金天氏”的副名，使得他的金德可以从名号上直接表现出来。从此古史系统换了一个样子，黄帝之后是少皞，少皞之后是颛顼了。还有一个太皞，他们安置在伏羲氏的头上，称为“太皞伏羲氏”，和“炎帝神农氏”的拼凑而成的复名正相对。

有一篇书，称为《五帝德》，是司马迁作《五帝本纪》的蓝本。书里说：“黄帝，少典之子也，曰轩辕。……颛顼，黄帝之孙，昌意之子也，曰高阳。……帝喾、玄嚣之孙，蟜极之子也，曰高辛……”他们就依据了这个记载，称黄帝为“黄帝轩辕氏”，颛顼为“颛顼高阳氏”，帝喾为“帝喾高辛氏”，使得“太皞伏羲氏”、“炎帝神农氏”、“少皞金天氏”等新造的称号得到了固有名词作陪客，可以减少生硬和杂凑的感觉。再有尧和舜，是向来称为陶唐氏和有虞氏的，也就称为“帝尧陶唐氏”和“帝舜有虞氏”。经过这样的整理，在形式上是整齐极了。

秦为水德，是始皇按照了邹衍的五德终始说而明白宣布的。但到这时，汉的火德为周的木德所生，紧紧地承接，秦已没有地位了，如何可以解释始皇的改制呢？他们说：不妨，秦以水德介于周、汉的木火之间，失了它的五行的次序，所以享国不永，只得列为“闰统”。唉，假使这相生式的五德说早已有了，秦始皇还哪里会自己甘心居于闰统呢！他们觉得木火之间但有一个秦，没有复现的形式，便不成其为走马灯式的历史，所以说，伏羲木和神农火之间有共工氏；帝喾木和帝尧火之间有帝挚；周木和汉火之间有秦：见得五德之运运转到了这个地方时便非有一个闰统不可。

他们各方面都布置好了，于是写定“全史五德终始表”如下：

木	1 太皞伏羲氏	6 帝喾高辛氏	11 周
闰水	共工	帝挚	秦
火	2 炎帝神农氏	7 帝尧陶唐氏	12 汉
土	3 黄帝轩辕氏	8 帝舜有虞氏	13 新
金	4 少皞金天氏	9 伯禹夏后氏	
水	5 颛顼高阳氏	10 商	

邹衍的五德说还没有转完一回，哪里知道过了二百数十年就会转到第三回！邹衍本说禹为木德，其符瑞是“天先见草木秋冬不杀”，到这时禹就成了金德，是白帝之子了。邹衍本说汤为金德，其符端是“天先见金刃生于水”，到这时他也变了水德而为黑帝之子了。邹衍又说文王时“赤乌衔丹书，集于周社”，表明他是火德，但到这时他又成了木德，赤雀衔到的丹书上的文字是“姬昌，苍帝子”了。为什么要这样变？原来它的中心是建筑于

火　　炎帝——帝尧——汉高帝

土　　黄帝——帝舜——王莽

上的。这个中心绝对不能变，所以中心以外的一切就不得不抛去了各个的本来面目而迁就它了。

王莽既在学说里先有此规定，因此，他做了皇帝之后，就下诏道：“帝王之道是相通的，盛德之后是应当百世享祀的。黄帝、帝少皞、帝颛顼、帝喾、帝尧、帝舜、帝夏禹等都有圣德，应当寻访他们的后代，奉守其祀典。”他于是封姚恂为初睦侯，奉黄帝后；梁护为修远伯，奉少皞后；皇孙功隆公王千，奉帝喾后；刘歆（不是那个做国师的）为祁烈伯，奉颛顼后；刘叠为伊休侯，奉尧后；妫昌为始睦侯，奉舜后。又封

夏后姒丰为章功侯，殷后孔弘为章昭侯，都位为“恪”；周后姬党为章平公，和先封的汉后定安公刘婴，都位为“宾”。这样，新造的古史系统就和实际的政治发生了密切的关系，靠了这关系而后这个杜撰的系统就获得了保证人了。

到后来，王莽在政治上固然失败，但这个杜撰的古史系统却已立于不败之地。我们试翻开近三百年来一般人认为正统史书的《纲鉴易知录》，上面便写着“太昊伏羲氏以木德王”，“炎帝神农氏以火德王”，“黄帝有熊氏以土德王”，“少昊金天氏以金德王”，“帝喾高辛氏以木德王”，“帝尧陶唐氏以火德王”，“帝舜有虞氏以土德王”，“大禹以金德王”。这些话谁敢不奉为典则？谁会想到这是王莽的骗局的遗留？

这古史系统的改造，把人们欺骗了近二千年。一班有学识的人固然也感觉其离奇，但至多只有不提而已，总想不出它是怎样来的。自从清末提出了“今古文问题”，知道应把古文的著作和今文的著作分别着读，比较之下，才发见这是古文家摆布的迷魂阵。康有为作《新学伪经考》，指出了黄帝、颛顼之间本来没有少皞这一代；崔适作《史记探源》，指出了王莽所以这样排列的意思是要证明新之当受汉禅正如舜之当受尧禅：这一个大黑幕方得揭开。至于帮助王莽摆下这迷魂阵的，他们以为是刘歆，我也以为大致不错。一来呢，刘歆是编辑《左传》的人，《左传》既说刘为尧后，又偷偷地把少皞插入黄帝和颛顼之间，又露出金天氏一名，隐隐与少皞联起，而这些说话显然与其他的古籍矛盾，足以证明其出于编辑人的窜乱。二来呢，班固作《汉书·律历志》，自己说明根据的是刘歆之言，而《志》中引的《世经》就是这个新造的古史系统的娘家。清代的今文家自己的建设固然不足取，但其对于古文家的骗局的破坏工作实是非常的精当，为讲汉代学术思想史的人所不该不取材的。

第十七章　经古文学的建立

刘歆在哀帝时要立四种古文经传，碰了博士们一个大钉子，他忍气吞声，出来做了几任外官。但他的幸运终于到了。他少年时任黄门郎，恰好那时王莽也是一个黄门郎，两人都很博学，意气十分相投。自从平帝元年（公元1年），王莽当了权，他就回到朝内，任右曹太中大夫，又任羲和、京兆尹。元始四年（公元4年），王莽奏起明堂和辟雍等，规复古代的建筑，就是由刘歆主办的。因他有功，封为红休侯。又使他典儒林史卜之官，考定律历。这时候，刘歆已成为文化事业的中心人物，他可以用了自己的理想构成一个文化的系统了。于是《左氏春秋》、《古文尚书》、《逸礼》、《毛诗》都立于学官。向来反对他的博士们只得忍气吞声地领受他的报复。

他立了这四种古文经传，还不以为满足，索性更掀起一个大规模的学术运动。“六经”里面的《乐》，本来是有谱而无经的，他也找出了《乐经》而立于学官。又增加博士员，每经五人，“六经”共三十人；每一博士领三百六十个弟子，总共有一万零八百个博士弟子。他还以为不足，奏请征求天下异能之士，凡是通一经、教授十一人以上和懂得《逸礼》、《古书》、《毛诗》、《周官》、《尔雅》、天文、图谶、历算、钟律、月令、兵法、小学、史篇、医术、本草的，地方官就替他备了车马，送到京城里来。在元始四、五年间（公元4—5年）到的数千人，都令在未央宫的廷中讨论记录，要他们改正前人的乖谬，统一各种的异说。这件事情，手段非常毒辣，既把古文学的种子散播到民间，又令今文学增加许多敌人，凡是古文学家眼光中感到的“乖谬”和“异说”都被打倒了。这是用了利禄的引诱来统一学术思想的办法，实在还是武帝立“五经博士”的老手段。

当时这一班人，现在已经不可考了，只知道那时通知钟律的有一百多人，他们的议决案是羲和刘歆领衔奏上去的。又知道那时说文字的有一百多人，其中以沛人爰礼的学问为最高，就任他为小学元士。黄门侍郎扬雄采取他们讨论的结果，编成了一部《训纂篇》。汉代通行的文字，据《仓颉篇》只有三千三百字；现在《训纂篇》就有五千三百字了。到居摄时（公元6—8年），大司空甄丰又奉命校文书，给他改定的古文字也不少。那时有六种书法：一是“古文”，说是孔家壁中书的遗文；二是“奇字”，是古文的变体；三是“篆书”，就是小篆；四是“左书”，是秦的徒隶们写的简笔字；五是“缪篆”，是用来刻印的；六是“鸟虫书”，是用来写旗帜的。有了这个分别，于是今文经归入了“左书”，地位远在古文经之下了。这是文字学的一回大整理。他们用了这手段奠定了经古文学的基础。从此以后，文字愈多，东汉时班固作的《续训纂篇》就有六千一百多字，许慎的《说文解字》就有九千三百多字了。

我们知道，这些古文奇字有的是他们杂凑起来的，有的是完全杜撰的，也有从古器物上钞写来的。但他们决不承认是零碎集成，屡次声明为整个的材料。他们说：壁中书是鲁恭王毁坏孔子宅时得到的，其中有《礼记》、《尚书》、《春秋》、《论语》、《孝经》。（诸位应记得，哀帝时刘歆责备博士的信上说孔壁里出来的东西只有《礼》和《书》，而今又添出了三种了！）还有汉初丞相张苍也献上古文的《春秋左氏传》。他们说：这种文字或是孔子手写，或是孔子同时人所写，所以古文经是最可靠的，它确为孔子的真传。我们翻开《汉书·艺文志》来，哪一种经书不是今古文并列，这可见他们建立古文学的工作是怎样的急进呵。所以，今文学是由春秋、战国以来五百年间渐渐构成的；古文学则是刘歆一手包办，在十余年间一齐出来的。我们说刘歆作伪，人家听了往往以为言之过甚，说他一个人的精力如何造得了许多。须知他一个人的精力固然有限，但他借着帝王的权势，收得三十个博士，一万零八百个弟子员，数千个奇才异能之士，漫说十几部书，就是几百部书也未始做不出呢！刘歆何须亲手做，只消他发凡起例，便自有人承应工作。这承应的工作虽成于他人之手，难道他就可不负造意的责任吗？

钱玄同说："古文经对于今文经的态度是这样：'我的篇章比你的多；我的字句比你的准；我的解释比你的古；我有你所没有的书，而你所有的我却一概都有。'因为他是这样的态度，所以就上了今文家一点小当。今文经中汉朝人伪造的文章，古文经也居然有了，如《易》之《说卦》以下三篇和《书》之《太誓》皆是。古文经据说非得自孔壁，即发自中秘，或献自民间，总之皆所谓'先秦旧书'也。先秦人用'古文'写的书中居然有汉朝人伪造的篇章，这不是作伪的显证吗？"

他们不但要造伪经，而且要造伪经的传授系统。例如《毛诗》，本来没有什么传授可说的，但他们也会想出一个很长的系统来（他们自己的记载是失传了；依据唐人书上写的是孔子传子夏，子夏传曾申，曾申传李克，李克传孟仲子，孟仲子传根牟子，根牟子传荀卿，荀卿传毛公，毛公做河间献王的博士；从此传下来，直到王莽时）。他们说：《诗经》该有三百十一篇，但今文经只有三百五篇是不全的，他们失去的六篇是《小雅》里的《南陔》、《白华》、《华黍》、《由庚》、《崇丘》、《由仪》。这句话就露出破绽来了。钱玄同说："汉初传诗，即分鲁、齐、韩三家，这三家各自传授，并非同出一源，何以申培、辕固、韩婴三位老先生都把这六篇诗忘了，又都把其他的三百零五篇记住了？天下竟有这样的巧事，岂非大奇！更奇的是：古文之《毛诗》，这六篇的篇名虽然幸被保存了，偏偏它们的词句也亡缺了！今文《诗》据说是靠讽诵而传下来的，三位老先生既同样地背不出这六篇，而古文《诗》据说是从子夏一代一代传到大毛公，作《故训传》，被河间献王所赏识，立博士，则早已著于竹帛了，偏偏也是缺了这六篇，偏偏和今文三家同样地缺了这六篇。这种奇迹，居然能使自来的经学家深信不疑，刘歆的魔力真是不小哇！"

王莽自从辅了平帝之后，处处模仿周公，所以那时就有《周官》一书出现，说是周公作的，供给王莽许多模仿的资料。当居摄三年，王莽的母亲功显君死了，太后诏议他的服制，羲和刘歆和博士等奏道：“摄皇帝要使汉朝和唐、虞、三代同样的兴盛，所以开秘府，会群儒，制礼作乐，以成天功。他圣心周至，有独见之明；又发见《周礼》一书，可供损益古代礼制的参考。现在功显君薨了，摄皇帝承皇天之命，奉汉大宗之后，不得顾私亲。《周礼》里说，‘王为诸侯缌缞’。应请用这天子弔诸侯之服，以应合圣制。”在这段话里，已亲切地告知我们，《周官》（即《周礼》），这部书是王莽发见的。在这样崇拜周公的高潮之下，在周公的偶像这样支配现实政治的时候，恰巧发见了这一部书以供他制礼作乐时的参考，这部书的来历不是很可疑吗？因为有了这个参考，所以《周官》里“兆五帝于四郊”，他就建郊宫；《周官》里“辨庙祧之昭穆”，他就定祧庙；《周官》里有“九命作伯”，他就受九锡；《周官》里有“嘉量”，他就制嘉量；《周官》里说“羞用百有二十品”，他就吃一百二十样的饭菜；《周官》里有“六宫”和“九嫔、世妇、女御”一班妃妾，他就于皇后之外列“和、嫔、美、御”之位：三个和人位视三公，九个嫔人位视九卿，二十七个美人位视大夫，八十一个御人位视元士。一共纳了一百二十个女子，比较古代的天子超过了十倍。

在其余的古文经传里也多寻得出帮助王莽做成皇帝的痕迹。例如《春秋》隐公元年只写“元年春王正月”，不写“公即位”，《春秋》家推求孔子所以不写的缘故，说隐公本有让国于弟桓公之意，故孔子以不写他即位来表显他的志愿。不过这仅是隐公的志愿而已，至于鲁公之位终究是他实任的。《左传》却说“不书‘即位’，摄也”，这样说来，隐公就不是实任的君而是用了臣的资格来摄行君事了。这对于王莽的做摄皇帝是怎样地给予他一种有力的根据呵！又刘歆所表章的《古文尚书》里有一篇《嘉禾》，其中的一段是“周公奉鬯立于阼階，延登，赞曰：‘假王莅政，勤和天下’”，这是不是王莽做“假皇帝”的一个很好的先例？天下竟有这样的巧事，后世的人要什么就可以在古书里找出什么来！

古代的历史，古代的书籍，都为供给他们的需要而弄乱了。无数的知识分子，也都受了他们的麻醉了。光武帝虽说“光复旧物”，但在文化上，他已经认不清谁是旧的，谁是新的。而且他以《赤伏符》受命，固已根本接受了王莽的学说。所以中元元年（公元56年），他就依照王莽的制度，筑起明堂、辟雍、灵台来。明帝继续了他的事业，坐明堂而朝列侯，升灵台以望云气；又临幸辟雍，亲袒割肉，行养老之礼；飨射礼毕，他正坐讲经，诸儒执经问难于前，数万个冠带齐整的绅士们环绕桥门，静静地听着（北京的国子监就是汉的辟雍遗制，可以到那边去想象那时的情形）。因为汉的火德只有用了王莽的历史系统才能说明，而这个系统，除了图谶之外，在古书中只有《左传》是寻得到证据的，所以《左传》被重视了。当光武帝时，就想立《左传》的博士，有一个老博士范升竭力反对，说道："《左传》不祖孔子而出于左丘明，又没有相传的师徒，又不是先帝所立的，为什么要立博士呢！"他和几个古文学者辩难了好久，又提出《左传》的不合处十四条奏上去。光武帝不听他的话，立了；后来又因许多人的反对，废了。到章帝初年，令贾逵自选二十个高才生，把《左传》教他们。建初八年（公元83年），又诏诸儒各选高才生受《左传》、《毛诗》、《古文尚书》等古文家的经典，又任贾逵的弟子为郎官，学者都欣欣地向慕。既有许多的高才生替它宣传，它在学术上就取得了新的生命，渐渐地成为《春秋》之学的正统，把原来唯一的《春秋传》（《公羊》）挤出去了。

东汉一代，博士共十四人，都是今文经之学。在表面上看，似乎是今文学的胜利；然而这胜利只有在表面上而已。所以然之故，古文视今文为后出，经过了一次整理，当然比今文进步；况且《左传》的记事何等详细，《周官》的典制何等绵密，今文经里哪里找得出来。因此，东汉时几个最有名的学者，如贾逵、服虔、马融、郑玄，都是古文家，或是兼通今古文的。到了魏、晋之后，五胡内迁，中原士大夫忙着南渡，今古文的经典和汉人的经说散失很多，今古文的界限就记不起了。到唐初作《五经正义》：《易》用晋王弼《注》，《书》用晋梅赜所献的伪《古文尚书》（刘歆的《古文尚书》已是假，这乃是假中之假）和伪孔安国《传》，《诗》用毛《传》和郑玄《笺》，《礼记》用郑玄《注》，《左传》用晋杜预《注》。后又加上《周礼》和《仪礼》的《义疏》，都用的郑玄《注》。郑玄所以在经学界中握有绝大权威，就为这七部正统的经典的注释，他一个人占据了四部之多。但他是兼修今古文的，常用古学说去改今学说，又用今学说去改古学说，所以后人骂他为搅乱家法的罪魁。这几种经典里，纯粹是古文学的，有《周礼》和《左传》的本身和《诗经》的毛《传》。虽然古文学还没有把经学界统一，但比了湮没了的今文学究竟占了绝大的优势，刘歆的势力赖此维持到清末。自从清代中叶（嘉庆十年，公元1805年）刘逢禄作了《左氏春秋考证》，他的地位才开始摇动；到清代末叶（光绪十七年，公元1891年）康有为作了《新学伪经考》，他方受了致命伤而倒坏了。刘歆为什么要造伪书伪史，这是汉代史中的问题。他造的伪书伪史在古书古史里发生怎样的影响，这是文籍考订学中的问题，也可说是上古史中的问题。所以现在我们的使命，就是要向他清算这一千九百余年来的搅乱古书和古史的总账。

第十八章　祀典的改定和月令的实行

我们翻开古书来看，觉得秦以前的国家宗教是很简单的。最大的祭礼是郊，一年一次，祭的是天，也把天子的最有功德的祖先去配享。例如周人，他们的始祖是后稷，后稷在农事上是有大功劳的，所以他们在郊祭时便以后稷配天，连带祈求年谷的丰登。其次是社，这仿佛像现在的城隍庙和土地堂一样，无论大都小邑，都有社庙；上自天子，下至庶民，都有他的社。他们不但在那边祭后土之神，就是碰见大水、大火等灾难，或是日食等灾难的预示，都要击鼓杀牲而祭。逢到打仗，出兵和班师时都须祭社；献俘也在那边。因为那边成了军事机关，所以即在太平的时候也要借着社祭陈列军器，好像开国防博览会似的；齐国的社尤其有名。社既是代表国土，又作国防的中心，再加上了民食的稷，国家的意义已完全，所以“社稷”二字就成了国家的代名词。郊社之外，又有宗庙，是祭祖先的；又有旅和望，是祭国内的名山大川的。寥寥落落，只有这几种。要拿阴阳五行之说来分配，至多把郊配阳，社配阴；五行便无从说起。好在那时还没有系统的阴阳五行说，用不着人们发愁。

那时的祀典比较可和五行说接近的，是秦国的祀上帝。然而秦文公在鄜衍祭白帝，秦宣公在渭南祭青帝，秦灵公在吴阳祭黄帝和炎帝，都是随时随地建立，并没有顾到五行的方位。到汉武帝时，他在长安西北的甘泉建了泰畤坛去祭天，在长安东面的汾阴建了后土祠去祭地，也没有按照着方位。这种不择地的设置，足见其时尚没有极严密的阴阳五行说，所以不曾处处受着这些规律的束缚。武帝又喜欢求神仙，任方士，以致许多的民间信仰都变成了国家宗教。

武帝以后，阴阳五行的学说经过经师们的鼓吹，这空气愈来愈浓重了，简直笼罩着一切。他们以为属于木的一定居东，属于火的一定居南，属于土的一定居中，属于金的一定居西，属于水的一定居北；少阴为西，太阴为北，少阳为东，太阳为南，都是一定不移的方位。既有这些严格的学说，于是以前的种种宗教建设大家看得不顺眼了。成帝初即位（建始元年，公元前32年），丞相匡衡奏言："帝王的事务没有比郊祀更重的，所以从前的圣王都尽心极虑地规定这制度。他们祭天于南郊，为的是就阳；祭地于北郊，为的是就阴。上天受天子的祭飨是在天子的都城里的。现在天子住在长安，祭天反到太阴方面的甘泉去，祭地反到少阳方面的汾阴去，和古礼太不合了。应当把这天地的祀典搬到都城来举行，从此祭天于南郊，祭地于北郊，回复古帝王的规模。”会议的结果，照办了。匡衡又奏：“甘泉的泰畤太奢华，有采镂黼黻的装饰，有鸾路骍驹的祭物，又有玉几玉器的陈列，又有童男童女的歌乐，这也和古制不合。古代的祭天之礼质朴得很，祭具是陶制或瓠制的，牲只用犊，席只用稭。现在也应当复古。”他还说：“秦国所立的上帝祠本不合礼，应当和其他不合礼的祠庙一齐罢废。”成帝都接受了。那时国家奉祀的祠庙本有六百八十三所，审查的结果只有二百零八所是合礼的，其他都废了。候神方士等七十余人，也都免职归家。这是把原有的祠宇作一次总整理、大淘汰，把汉武帝在封禅郊祀的狂热中的建设完全破坏了。实在说来，这是儒生对于方士的威胁，他们用了纯粹的阴阳五行说把随时随地发生的神仙庙祀打倒了。他们反对的是鬼神，保留的是术数。他们说是古代圣王如此，其实只是他们心目中的圣王是应该如此的。

成帝没有儿子，王太后急于抱孙，疑心为了迁废诸庙，受到鬼神的责罚，永始元年（公元前16年），她下诏把泰畤迁回甘泉，后土祠迁回汾阴，又恢复了许多祠庙。可是到底没有用，成帝也死了。王太后十分生气，她说："皇帝遵了经义定郊礼，原是不错的。为了求福，所以又迁回去。现在到底没有得到一些福佑，还是顺了皇帝的原意，回复了长安的南北郊罢！"

哀帝即位之后也常常生病，为要求福，又征用方士，把以前所废的祠庙完全恢复了。他在一年之中祭过三万七千次。过了一年（建平三年，公元前4年），病还没好，又把泰畤和后土祠迁回原处。到平帝元始五年（公元5年），王莽又请复长安南北郊，并请把高帝、高后配享：冬至日，祠南郊，高帝配而望群阳，夏至日，祠北郊，高后配而望群阴。王太后都照准了。三十六年之间，天地之祠搬徙了五次。

因为王莽是一个笃信阴阳五行说的人，所以他既继承了匡衡的主张，用阴阳说定了南北郊，还要更进一步，用五行说定群神的祭祀。他和太师孔光、羲和刘歆等八十九人议，说道："天子以父礼事天，以母礼事地。"现在应称天神为皇天上帝泰一，兆（兆是祭坛）为泰畤；称地神为皇地后祇，兆为广畤。此外，再把群神以类相从，分为五部。这五部是：

① 中央黄帝、黄灵后土畤，及日庙、北辰、北斗、填星、中宿、中宫，于长安城之未地兆（照十二辰的方位，"未"在西

南角上）。

② 东方帝太皞、青灵句芒畤，及雷公、风伯庙、岁星、东宿、东宫，于东郊兆。

③ 南方炎帝、赤灵祝融畤，及荧惑星、南宿、南宫，于南郊兆。

④ 西方帝少皞、白灵蓐收畤，及太白星、西宿、西宫，于西郊兆。

⑤ 北方帝颛顼、黑灵玄冥畤，及月庙、雨师庙、辰星、北宿、北宫，于北郊兆。

这就是《周官》里所说的“兆五帝于四郊”，他把这制度实现了。这五帝的名目，读者应当记得，便是第十六章里《五德终始表》的第一层。那时已是居摄中，正在酝酿着受禅，所以这五方之帝便是五行相生说下的古史系统中的帝王。再替这五帝添上五个辅佐，太皞之佐是句芒，炎帝之佐是祝融，黄帝之佐是后土，少皞之佐是蓐收，颛顼之佐是玄冥，使得这个系统的地位可以更加巩固。他们把这宗材料插入古文学的两部经典：第一是刘歆重编的《左传》，就附在“汉为尧后”说的一章之下，说这是五行之官，生时封为上公，死后祀为贵神的。第二是王莽征求通晓之士的《月令》，说太皞是春季的帝，句芒是春季的神；炎帝是夏季的帝，祝融是夏季的神；黄帝是中央的帝，后土是中央的神；少皞是秋季的帝，蓐收是秋季的神；颛顼是冬季的帝，玄冥是冬季的神。一年本来是四时，到这时硬把它拉长，成为五时了。

皇天上帝泰一是最高的天帝。太皞、炎帝们为五帝，是次一级的天帝。这个方式固然和汉武帝的泰一坛相像（见第五章），但武帝时的五帝只是五种颜色之帝，没有同传说中的古天子发生关系，而王莽定的制度则天帝的系统即是古史的系统了。这一点的差异，不能不说是王莽设下的阴谋，也不能不说是经古文学的中心问题呵！

《月令》这一篇，讲的是天子居明堂之礼。这篇的大意，是天子每一个月应当顺着时令做天人相应的工作（见第一章）。自从王莽当权，建筑了明堂，又征求通《月令》的人，一时祭祖先，封诸侯，行大射，都在那边，做得很有声有色。王莽失败之后，长安的明堂毁废，光武帝继续在洛阳兴造。明帝永平二年（公元59年），下诏祀光武帝于明堂以配五帝，又颁发时令，迎气于五郊：立春之日，迎春于东郊，祭青帝和句芒，车骑服饰都青色，唱的是《青阳》之歌。立夏之日，迎夏于南郊，祭赤帝和祝融，车骑服饰都赤色，唱的是《朱明》之歌。前立秋十八天，迎黄灵于中兆，祭黄帝和后土，车骑服饰都黄色，唱的是《帝临》之歌。立秋之日，迎秋于西郊，祭白帝和蓐收，车骑服饰都白色，唱的是《西皓》之歌。立冬之日，迎冬于北郊，祭黑帝和玄冥，车骑服饰都黑色，唱的是《玄冥》之歌。

从此以后，“顺时令”一义遂为帝王施政的总纲。章帝元和二年（公元85年），下诏道：“春天是生养万物的时候，应当息事宁人以奉天气。”这年的秋天，又下诏道：“《月令》冬至之后，但有顺阳助生的明文，而不载鞫狱断刑的政令。天子的生杀是应当顺着时气的。现在特定一种法律：凡在十一月和十二月里，不许送上刑狱的报告。”那年十一月冬至，又依照《月令》，把关梁闭起。元和三年二月，又下诏道：“《月令》说孟春之月，应当好好地去视察丘陵土地所宜以备种植。现在荒地尚多，着即分给贫民，令他们各尽地力，勿得游手。”就在这一月里，他因要到中山去，又令道：“现在方春的时候，所过的地方不得有所砍伐。天子虽尊贵，但在不适当的时候砍去一株草木，就不算顺天，也就是不孝。巡行之际，凡车马可以避开的，便避开了。”章和元年（公元87年）七月，又诏道：“依照《秋令》，这一月里应当养衰老，着赐高年者每二人布帛各一匹，让他们自已备些醴酒和酪浆罢。”章帝之后，历朝帝王也多在春天养幼赈贫，在秋天养老恤刑。

一般的学者，把《月令》的著作时代说得早是周公作，说得迟是吕不韦作。但此书既在汉前，何以在西汉时不能发生什么影响而在东汉时便会发生大影响？何以汉武帝初年要立明堂只为朝诸侯，后来在汶上造明堂只有取资于方士的图画，而古制的再现必有待于王莽制礼作乐的时候？何以西汉时讨论明堂有纷纷之说，而一到东汉即翕然无异议，一切都有固定的方式可以遵循了？所以我觉得，这篇书的出现是很有问题的。虽则这篇书还见于《吕氏春秋》等书中，难道他们就不能把它插进去吗？

古时最大的祭礼是郊和社。到这时，郊是析为南郊和北郊了。北郊由后土祠来，祭地神，性质和社实在没有什么分别。但汉代在后土祠外另有官社，所以王莽更立官稷，又把夏禹配食官社，后稷配食官稷，恢复古代的社稷之祀。这个制度传下来，永远没有什么大改变。我们看，北京前门外有个天坛，这就是南郊；安定门外有个地坛，这就是北郊；天安门西边的社稷坛（今为中山公园），就是官社和官稷。还有一个先农坛，在天坛的对面，是祭农神的，好像和社稷坛的“稷”重复了，这是汉代所没有的。推原它的由来，当出于周人的“郊祀后稷以配天”。地坛祭地，先农坛祭后稷，社和稷都有了着落了，为什么还要立社稷坛？原来社稷一名已习用为国家的代名词，其本义已经送给地坛和先农坛了。

第十九章　谶纬的造作

古代人最喜欢作预言，也最肯信预言。那时的史官就是制造预言的专家。还有一种预言，说是上帝传给人们的，叫做谶。相传秦穆公曾经睡了七天不醒，醒来的时候，对人说："我是到上帝那边去的，上帝告我将来晋国怎样，秦国怎样。"他叫人把这些话写出来，称它为"秦谶"。后来晋国的赵简子也像他一样，睡了七天，醒来的时候告诉他的大夫说："我到了上帝那里，和许多的神灵游于钧天，听广乐，看《万舞》，快乐极了。忽然有一头熊要来抓我，上帝命我射它，一射就死了。又有一头罴扑来，我照样一射，罴又死了。我瞥见我的儿子也在上帝旁边，上帝指着一条翟犬，对我说：'等你的儿子长大时再给他罢！'"这些话也都记出藏好，当然成为赵谶。后来赵简子灭了晋的世卿范氏和中行氏，知道梦里射死的一熊一罴就是他们的象征。他的儿子襄子灭了代国，这翟犬的谶也应验了。这都是上帝的命令，但上帝不肯明白说出，只管用了仿佛相类的东西来作暗示，逼得人们去猜谜：他为什么这样喜欢要手段呢？

秦始皇时，这类的预言也常有。三十二年（公元前215年），他派燕人卢生入海求神仙。卢生到了海里没有见到神仙，却得到一本图书，上面写着“亡秦者胡也”。于是始皇发兵三十万人往北去打胡（匈奴），夺取河套地；不知道这个谶却是应在他的少子胡亥身上的！这个谶既有图又有书，其形式大概和现在流传的《推背图》相像。三十六年（公元前211年）秋天，有一个使者从关东来，晚上经过华阴，忽被一人拉住，那人一手把一块璧递给他，说道：“请你替我送给滈池君（长安西南有滈池）；还告诉他，在这一年中祖龙要死了。”使者正要问他，那人已不见。他把这事奏上；查考这块璧，乃是始皇二十八年渡江时沉在江里的。始皇很不高兴，但自己宽慰道：“山鬼懂得什么！况且祖是人之先，也未必是我呵！”他为要避开这个厄运，就往南方去游玩。三十七年七月，他果死在路上。大家说，“祖”是始的意思，“龙”是皇的意思，这又是一个应验的谶言了。

但谶言真是上帝降下的吗？看下面一件事就很使我们疑惑。当始皇听得“祖龙死”的前几个月，有流星坠在东郡，化为石，有人在石上刻了“始皇帝死而地分”七个字。这句话说得太明显了，用不着猜谜，所以他知道这是自己的臣民所发出的咒诅，便派御史去查问，虽然没有得到主名，也把石旁的居民尽杀了，连这块石头也销毁了。其实从楚、汉之际看来，这句人造的谶言也是十分应验的。

西汉时，社会安定，这类刺激人心的谶言当然减少。但到武帝之后，民穷财尽，国本动摇，谶言又得了发展的机会。例如上面提起的，昭帝时，泰山下一块卧地的大石忽然站起，上林苑的枯柳树忽然重生，眭弘就说将有新天子从匹夫中突起。又如成帝时，齐人甘忠可说上帝派赤精子下凡，传给他一部《包元太平经》，供给汉室再受命的应用（均见第七章）。王莽时，这种风气更盛了。武功长孟通掘井时发现一块白石，上面有“告安汉公莽为皇帝”八个红字，王莽就做了摄皇帝。临淄亭长发现了一口新井，巴郡得到石牛，扶风得到石文，摄皇帝就去掉了“摄”字。哀章把“天帝行玺金匮图”和“赤帝行玺邦传予黄帝金策书”送到高庙之后，汉高帝就让国与王莽了（均见第十四章）。在这些记载里最可注意的，是哀章的“金匮图”和“金策书”，足见这是既有图又有书的，和卢生在海里得到的东西相仿。

哀章的图书里写着王莽的大臣八人，取了两个吉祥的名字，唤做王兴、王盛，连他自己一共十一个人，都署定了官爵。王莽既登极，就照了这个上帝的单子去任命。于是王舜为太师，封安新公；平晏为太傅，封就新公；刘歆为国师，封嘉新公；哀章为国将，封美新公；以上四人称为四辅，居上公之位。又甄邯为大司马，封承新公；王寻为大司徒，封章新公；王邑为大司空，封隆新公；这三人居三公之位。又甄丰为更始将军，封广新公；王兴为卫将军，封奉新公，孙建为立国将军，封成新公；王盛为前将军，封崇新公；这四人称为四将。王兴、王盛，朝中并没有这两人，但姓这个姓、叫这个名的却很多；王莽访得同名姓的十余人，其中以退职的城门令史王舆、卖饼人王盛的容貌为最合于卜相的标准，就登用了他们，从此这二人跻于阔人之列，这种好运真是他们梦里也没有想到的。大家看见做官有这一条捷径，于是争作了符命献上去；虽已得不到公爵，也可以望封侯。至于不屑干这种事的，见面时常常戏问道："你还没有得到天帝的委任状吗？"有人劝王莽道："这实在开了奸人作福的门路，又是乱了天命，应当除去其根源才是。"王莽也觉得这种事情干得腻了，于是献符命的往往下了监狱。起初，甄丰和王舜、刘歆们都是王莽心腹人；王莽从大司马做到皇帝，甄丰也曾出过不少的气力，定过不少的计谋。到这时，他虽由了《金匮图》

而得着公爵，但和卖饼的王盛同居于四将之列，反不及一个无赖的哀章，终觉得不高兴。他的儿子甄寻知道他的意思，就作了一通符命，说新室当依照周、召的故事分陕立二伯：更始将军甄丰为右伯，太傅平晏为左伯。王莽因他们都是旧人，也听从了。当甄丰任了右伯，尚未动身的时候，甄寻贪得无厌，又作了一通符命，说以前的汉平帝的皇后，汉亡后称为黄皇室主的，应当改嫁甄寻。平帝的后是王莽的女儿，他这一回可不答应了，怒道："黄皇室主是天下之母，这是什么话！"他发吏收捕甄寻，那追随多年的右伯甄丰就只得自杀了。

王莽自从作了真皇帝，为要替自己宣传，派五威将王奇等十二人颁发符命四十二篇于天下，都是说些汉的火德是怎样的消亡，他的土德是怎样的兴起，皇天的符命是怎样地一次一次给予他的种种故事。文帝时黄龙出现于成纪（见第四章），不是公孙臣主张汉为土德的证据吗？但在这四十二篇里，居然把这事列为王莽的土德的符瑞了。经他这样一宣传，把这些观念深深印入国民的脑里，于是光武帝做皇帝时便非自承为火德不可，所以《赤伏符》就是跟着这四十二篇来的。

且说王莽时有个公孙述任道江卒正（那时改蜀郡为导江，太守为卒正），到王莽灭亡，四方兵起，他就自立为蜀王；后来又自立为天子（光武帝建武元年，公元25年），国号成。他根据王莽的五德系统，以为土生金，他在王莽之后应为金德，所以色尚白（现在四川奉节县东边有白帝城，即由此来）；又建元为龙兴。他也和王莽同癖，好作符命。他以为谶书里说的“孔子作《春秋》，为赤制作，断十二公”，赤是汉，高帝到平帝是十二代（连吕后数在内），可见汉的历数已经完了；一姓不得再受命，所以刘秀虽有《赤伏符》还是无效的。他又引《录运法》说，“废昌帝，立公孙”，《括地象》说，“帝轩辕受命，公孙氏握”，《援神契》说，“西太守，乙卯金”，以为他姓公孙，应当受命；又他以西方的太守起家，应当去乙（轧）绝卯金（刘）。他又说：五德之运，黄承赤而白继黄，所以他据西方而尚白，确是得到了帝王的正统。他屡次发出檄文，把这些意思宣传到中原来，要使大众相信他是一个真命天子。光武帝不怕打仗，却怕在谶书里真有别人做天子的证据，就给他一封信，说道：“《西狩获麟谶》上说的‘乙子卯金’，是汉高帝以乙未年受命。‘光废昌帝，立子公孙’，是霍光废掉昌邑王而立皇孙病已（宣帝）。‘帝轩辕受命，公孙氏握’，乃是姓公孙的黄帝作了土德之君，也与你无关。而且谶书上又说：‘汉家九百二十岁，以蒙孙亡；受以丞相，其名当涂高’，你是不是丞相当涂高呢？你年纪大了，应当替妻子们想一想，不要争夺这天下的神器罢！”公孙述看了这信，不答复，仍做他的皇帝。但到龙兴十二年上，究竟他的“西太守”靠不住，给“《赤伏符》”灭掉了。

在公孙述和光武帝二人的文告里，可以注意的事情有几项：第一，他们作天子的根据都出在谶书上。第二，他们对于谶书，各有各的解法，好像后人的详签详梦一般。第三，他们不讳言自己统治权的灭亡。光武帝是一个中兴之主，正在开国的时候，而已公开表示他的亡国的日期和亡他的国的人名，这是何等的度量！所以然之故，就为谶书里是这样说的，他不敢不信。谶书里何以这样说，则因他们相信做天子的也像做官一样，多少年后须换一个新任的，他们已在谶书里把五个德的帝王年代都规定了。第四，公孙述引的《录运法》、《括地象》、《援神契》，光武帝引的《西狩获麟谶》，都是谶书的名目，以前的人所没有见过的。《春秋经》的最后一条，是“（哀公）十有四年春，西狩获麟”，可知这《西狩获麟谶》定是属于《春秋》的谶书。此外，《援神契》是属于《孝经》的，《录运法》和《括地象》是属于《河图》的。

谶纬的著作，他们说是孔子编成了“六经”之后，深恐经文深奥，将来的人不能洞悉他的意思，所以别立纬和谶，讲说得通俗一点；又说有许多是黄帝、文王等九个圣人传下来的。谶，是预言。纬，是对经而立的：经是直的丝，纬是横的丝，所以纬是解经的书，是演经义的书，自“六经”以及《孝经》都有纬。这两种在名称上好像不同，其实内容并没有什么大分别。实在说来，不过谶是先起之名，纬是后起的罢了。除了这两名之外，还有“图”和“书”。我们在上边，知道符命都是有图有书的。最早的图书是什么呢？他们说：是黄河里出来的图，叫《河图》；洛水里出来的书，叫《洛书》。刘歆的意思，以为伏羲氏王天下，受了《河图》，照样画出来，就是八卦；禹治洪水，天赐《洛书》，照样排列出来，就是《洪范》。纬书里更描写得好玩些，说：《河图》是龙马驮出来的，《洛书》是神龟献上来的。不管它究竟怎样，《河图》和《洛书》一定是最古的谶纬。因此，谶纬里以属于《河图》和《洛书》的为最多，就现在看得见的材料说，已占有了全部的四分之一。大概凡是归不进《六经》的，都归到这方面去了。就是光武帝受命的《赤伏符》，也是《河图》中的一种。这些书的名目，多半是不可解的；随便举出几个，让大家猜一猜：《稽曜钩》、《帝览嬉》、《皇参持》、《闿苞受》、《帝视萌》、《运期授》、《甄曜度》、《灵准听》、《宝号命》、《洛罪级》、《考河命》、《准谶哲》——你们看，这些名词是多么神秘呀！因为有图、有书、有谶、有纬，所以这些书的总称，或是“图书”，或是“图谶”，或是“谶纬”，或是“谶记”，或是“纬书”；又因《尚书纬》中有十数种为《中候》，亦总称为“纬候”。

这些谶纬真是从黄帝到孔子许多圣人们所作的吗？恐怕除了丧失理性的人谁也不敢答应一声“是”的。但尚有许多人说这些书在西汉时早就有了。我们可以举出一个反证。刘向、刘歆父子的《七略》，房中术和劾鬼术诸书尚连篇地登载，那时如有谶纬，则即使因它怪诞而不收于《六艺略》，那《术数略》中总应有分；为什么不见影儿呢？谶纬的中心思想，是阴阳五行，是灾异祯祥，这正是极合汉代经学家的脾胃的，为什么他们都不引，必待至公孙述和光武帝们而始大引呢？所以我们可以说：《七略》不录谶纬，没有别的原因，只因那时尚没有这种东西，这种东西是在向、歆父子校书之后才出现的，这种东西是王莽时的种种图书符命激起来的。零碎的谶固然早已有了，但其具有纬的形式，以书籍的体制发表它的，决不能早于王莽柄政的时代。

第二十章　谶纬的内容

谶纬书的出现，大约负有三种使命。其一，是把西汉二百年中的术数思想作一次总整理，使得它系统化。其二，是发挥王莽、刘歆们所倡导的新古史和新祀典的学说，使得它益发有证有据。其三，是把所有的学问、所有的神话都归纳到“六经”的旗帜之下，使得孔子真成个教主，“六经”真成个天书，借此维持皇帝的位子。在两汉之际“民神杂糅”的社会中，自然该有这种东西大批地出现。

谶纬的内容，非常复杂：有释经的，有讲天文的，有讲历法的，有讲神灵的，有讲地理的，有讲史事的，有讲文字的，有讲典章制度的。可是方面虽广，性质却简单，作者死心眼儿捉住了阴阳五行的系统来说话，所以说的话尽多，方式只有这一个。我们只要记得了汉初的五色天帝，转了几转的王莽的五德说中的人帝，又记得了阴阳五行的方位和生克，就好像拿了一串钥匙在手里，许多的门户都可以打开了。

他们说：天上太微宫里有五帝座星。管春天的是苍帝，他的名字叫灵威仰；他的性情是仁良温让的；他身长九尺一寸；他使唤的是岁星。管夏天的是赤帝，他的名字叫赤熛怒；他的性情是宽明多智的；他的头形尖锐，身长八尺七寸；他使唤的是荧惑星。管季夏的是黄帝，他的名字叫含枢纽；他的性情是重厚圣贤的；他使唤的是填星。管秋天的是白帝，他的名字叫白招拒；他的性情是勇武诚信的；他使唤的是太白星。管冬天的是黑帝，他的名字叫汁光纪；他的头是大的；他使唤的是辰星。

在商、周时，固然天子也说自己的祖先是上帝所生，但是他们意想中的上帝只有一个。到汉代才依了五行说而分上帝为五个。到西汉之末，才因王莽的宣传而确认这天上的五帝的儿子轮流了做人间的帝王。例如汉高帝，如果说他以水德王的，他是黑帝的儿子；倘改说为火德，他就变成了赤帝的儿子了。天上赤帝的儿子在人间做帝王，也可以称赤帝，所以王莽得到的金策书上写的是“赤帝行玺邦”，而土德的王莽也就成了“黄帝”。他们说：这人间的五帝是有一定的任期的。苍帝应当传二十八世；白帝应当传六十四世；黑帝可以治八百年。光武帝所以自承“汉家九百二十岁，以蒙孙亡”，就因为赤帝是应当治九百二十年的缘故。他们又说：苍帝亡的时候要有大彗星出现，麒麟被捉；黄帝亡的时候要有黄星坠下；黄龙坠下；黑帝亡的时候要有狼星张在天空，灵龟被执；白帝亡的时候要有五残星出现，又蛇生了足，像一个伏着的人。

自从汉高帝以平民得天下，加以文、景以来五德说的争辩，武帝的封禅和改历，大家注目的是皇帝的受天命，觉得这是世界上唯一的大事。为什么受天命？受天命的手续怎样？受了天命之后应当做些什么？在当时人看来都是最重要的问题。到王莽当权，又把自己渲染为新受命的天子，上帝保佑他坐龙廷的奇迹显示了不知多少，这种热空气散布到民间，更使糊涂的人们增进了对于帝王受命的信仰和想象。于是我们的上古史就变了样子！

他们提起伏羲的故事，说雷泽里有大人的脚印，华胥去踏了，就生下了伏羲。他的样子是龙身、牛耳、虎鼻、山准、大眼睛，长九尺一寸（照王莽的系统，他是木德，所以和天上的苍帝一样高）。因为他的道德融洽于上下，所以天把鸟兽文章送给他，地把《河图》、《洛书》送给他。神农呢？少典的妃子安登到华阳去游玩，有一条神龙和她交感了，就生下了他；生得牛头、龙颜、大唇，长八尺七寸（也就是天上赤帝的高度）。因为他喜欢耕田，创造了耒耜，所以地出醴泉，天降嘉禾。黄帝更了不得，大电光绕着北斗，照到郊野，触着了附宝的身子，生下了他。他身逾九尺，日角、龙颜、河目、隆颡；胸前有文，是“黄帝子”三字。他将要做天子的时候，有黄云在堂前升起，凤凰衔了图放在他的面前，他再拜而受。少皞是刘歆临时插入古史系统里的，他的历史太短，人们知道的不多，这个位子还没有坐稳。但在黄帝的土德和颛顼的水德之间应当有一个金德的天子是很显然的，所以谶纬的作家就另插了一位朱宣进去，说道：黄帝时有虹一般的大星下流华渚，女节梦中和它交接了，生下了白帝朱宣。颛顼的出生也和他相像，说是有霓一般的摇光贯过月亮，感着女枢而生的。

王莽最注重的是尧、舜，要从尧禅舜上见出了汉禅新的必然性，所以在谶纬里关于尧、舜和他们禅让的故事讲得最有声有色。他们说：古时有一个从石头里出生的女子，名唤庆都，是火帝的女儿。她到二十岁还没有嫁，出游时仿佛常有神灵随着。有一天，一条赤龙背着图从河里跳出来，庆都替它解下，看见上面写着“赤受天运”四字；下面有图，画一个穿赤色衣的伟男子，眉有八彩，须发长七尺二寸，题的字是“赤帝起诚天下宝”。那时忽然阴风四合，那条赤龙和她合婚了，一接就有了身孕。后来生下了尧，面貌和图上一样。他坐船游河，有一凤凰负图飞来。这个图是用赤玉做的匣子，长三尺八寸，厚三寸，白玉的绳，黄金的检（绳上的封泥叫做检），盖的章是“天赤帝符玺”。他就以火德王天下了。舜的母亲名握登，感着大虹而生舜。他身长九尺，两目重瞳子。有一天，尧率领舜等一干人游首山，并观河洲，见有五个老人在那边。他们听得一个老人唱道，“《河图》将来告帝期”；接着第二个老人唱“《河图》将来告帝谋”；第三个接着“《河图》将来告帝书”；又听得第四个“《河图》将来告帝图”；最后一个是“《河图》将来告帝符”。不到一刻，有一条赤龙衔了图从河中出来，五个老人就化为流星，冲入昴宿。舜低头一看，龙也没了，留下了这图。尧把它打开，上面写着：“帝枢当百，则禅于虞”。他叹了一口气，对舜道：“舜呀，天运到了你的身上了，你好好儿干下去罢！”这样，舜就受了尧的天下。

从舜以下也都这样。修纪在山上见流星，感而生禹。扶都见白气贯月，感而生汤。太任梦见长人，感而生文王。刘媪梦见赤鸟如龙，和她游戏，生了执嘉。执嘉的妻含始在雒池上拾得一粒赤珠，刻有“玉英，吞此者为王客”几字，她吞了，就在这年生下了刘邦（到这时，才知汉高帝的父亲名叫执嘉，母亲名叫含始）。他们的状貌也很奇，得到的符命也很多，好在大家已经知道了这个格式，恕我不叙了。

纬是明说解经的，经是孔子定的，所以在谶纬里，孔子是一个中心人物，受渲染的程度比几位圣帝明王尤为高强。他们说：那时有一位少女徵在到大泽边游玩，玩得疲倦，就睡在那里。她梦见黑帝请她去；去了，就和他配合了。黑帝对她说："你将来生产小孩一定要在空桑里面。"她一觉醒来，果真怀了孕，后来果真生产在空桑里。这个小孩的相貌特别极了：海口、牛唇、虎掌、龟脊；头像尼丘山，四周高，中央低；胸前有文，是"制作定，世符运"六字。后来长大了，就更好看了：身长十尺，大九围；坐着像蹲龙，立着像牵牛；他的仪表非常堂皇，发射出一种光彩，近看好像昴星，远看好像斗星。他不知道应叫什么，吹律（竹制的乐器）定姓，知道自己是殷的后裔孔氏，就姓了孔；头像尼丘山，就名了丘。照他们说，汤是水德，为黑帝之子，而孔子是汤的后裔，所以仍为黑帝之子。但是有一件不幸的事来了。天上的五帝为了要使自己的儿子做皇帝，所以才传种到人间；孔子既是黑帝之子，也须做皇帝才对。况且那时周已衰了，本该有新受命的天子起来了，孔子为什么还不做皇帝呢？他们揭开这个谜，说因周是木德，木只能生火，不能生水；孔子虽有水德，无奈不当令，他只得为火德代劳，替未来的汉朝制定许多法典——"六经"。所以《春秋纬》里说："黑龙生为赤。"又说："玄丘制命，帝卯行也。”

他有帝王之德而无其位，栖栖皇皇，一生不得志。有一夜，他梦见丰、沛一带有赤色的烟气升腾起来。他醒时，就驾起车子去看。到了那边，只见一个捡柴的小孩打坏了一头麒麟（不要忘记上边说的：苍帝亡的时候要有麒麟被捉；更不要忘掉，周为木德，即是苍帝）。孔子走上前去，那麟垂着耳朵，吐出三卷书来。书上写着：“周亡，赤气起，火曜兴；玄丘制命帝卯金”。他知道上帝派他为卯金氏制法了。不久，天上又掉下一方血书，落到鲁国的端门上。书上写的是：“趋作法！孔圣没，周姬亡，彗东出，秦政起，胡破术，书纪散；孔不绝。”第二天，子夏去看，血书变为赤鸟飞去了，留下一个图，画的是孔子制法的形状，上面题着“演孔图”三字。这件故事就叫做“端门受命”。当孔子把《春秋》和《孝经》——两部最重要的法典——作成时，吩咐七十二弟子向北辰弯了腰站着，又命曾子抱了《河图》、《洛书》，他自己斋戒沐浴，穿着绛色的单衣，朝着北辰拜下去。那时天上就有云气起来，白色的烟雾一直降到地，一条赤色的彩虹从天而下，变作黄色的玉，长三尺，上有刻文。孔子忙跪下接起，读道：“宝文出，刘季握。卯金刀，在轸北，字禾子，天下服。”（这是说刘季——高帝的字——要在轸宿分野的北面起事，后来统一天下。)

我们读了上文的武功白石、铜符帛图、金匮图和金策书(均见第十四章)之后，再来看这类玩意儿，它的意义当然可以不烦言而解。原来汉高帝得天下时简陋得很，他没有想到自己是赤帝子，该有种种受天命的花样。可是这种花样都给王莽想到了，他的得天下的场面就比汉高帝好看得多了。他虽失败，然而这种开国规模何等堂皇，刘家中兴人物刘玄、刘盆子、刘秀们哪有不想学样的，所以他们就抄了王莽的文章，替自己的祖先补造这一大套，见得高帝的受命已早于孔子时注定了，并且学术界中最大的权威者孔子即是为了这一件大事而出世的。装点孔子即是装点高帝，也即是装点自己；要把孔子捧作教主，也即是把汉家皇帝捧作教主：这对于他们保持这一份大家产(所谓“巩固皇图”)是怎样的有利呀!

有人读了上面一大篇，或者要发一声冷笑，说道：“这种鬼话已绝不能存在于今日了，还理它做甚!难道当笑话讲吗?”如果有这种见解，我敢说他把事情看得太简单了。我们讲的是汉代史，凡曾在汉代发生过重大影响的东西就不该不讲；况且这种东西，表面上是死了，实际何尝死掉。试看辛亥革命之后，不是还有一班糊涂的人们天天望着“真命天子”出现吗?像陈焕章等一班提倡孔教的人，不是还把端门受命的故事当作他们宣传的中坚吗？一班迷信汉学的人，不是还把纬书里的华胥履迹、庆都感龙一类事当作真实的上古史料来用吗？就算脑筋清楚些的人肯不信这种东西，然而玄圣的“玄”，炎刘的“炎”，谁想得到中间大有问题？就说脑筋更清楚，连这种神话都不信了，然而有了社会学的观念，看着一大串不夫而孕的故事，又容易把它牵合到“男女杂交”、“血族群婚”、“母系社会”上面去了。他们不知道，这是从整个的王莽式的五德系统（见十六章）和他的天帝人帝打通说（见十八章）上来的。如果没有王莽们把全部古文化重新整理，在整理时作了种种有意的改变，哪里会有这种古史出来！所以这种上古史问题其实只是中古史问题，而两汉之间的社会情况就是解决这类乌烟瘴气的假上古史的最好法门。

第二十一章　谶纬在东汉时的势力

光武帝以赤伏符受命，又用了《西狩获麟谶》来折服公孙述，统一天下，所以他对于谶纬有极强的信仰。不，说他信仰，不如说他依赖了吧！他在谶文里读到一句“孙咸征狄”，恰好他手下有个孙咸，就命他为平狄将军，行大司马事。不过大司马的职位太高，权势太重，不是资格和才力足以相称的人就办不下去的，他终于撤职了。《赤伏符》里有一句“王梁主卫作玄武”，他想战国末年的卫国是被徙到野王的，玄武是水神之名而司空是水土之官，恰好那时的野王令是王梁，他便任他为大司空了。这一种任官的方法，和王莽有什么两样?

他很用心读谶纬。有一次，因为日食，他避开了正殿，坐在廊下读；读得太多了，又感受了风寒，竟至发病晕了过去。那时谶纬共有八十一篇：其中《河图》九篇，《洛书》六篇（这说是黄帝至周文王的本文），又别有《河图》和《洛书》三十篇（这说是孔子增演出来的），又《七经纬》三十六篇。那时称《七经纬》为“内学”，称原有的经书为“外学”。虽说是纬，它的地位反而占了经的上风了。

桓谭是西汉末的旧臣，王莽时也曾做过掌乐大夫，这些谶纬造作的历史满落在他的眼里。光武帝时，又任议郎。他看见皇帝常常在谶纬里寻找证据，决定大事，觉得不是好办法，上疏道：“一般人的性情，都是忽略了真事实而重视怪异的传闻。但古先圣王只有仁义的正道，孔子也是不讲天命的。现在许多巧慧小才的人，纷纷增加图书，妄称谶记，来欺惑世人，必须斥绝才是。这种事也许有时对，但正像用单数双数到神前占卜，总有碰巧适合的机会；然而哪里可以相信呢！”光武帝看了，很不高兴，只是没有责罚他。后来他下诏会议建筑灵台的地方，问桓谭：“我想用了谶书去决定它，你看怎样？”桓谭一声不响，隔了好久，才道：“我向来不读谶。”问他为什么不读，他又把谶不合经的地方说了一大篇。光武帝大怒道：“桓谭非圣无法，拉下去斩了罢！”谭固然不肯放弃他的主义，但也不愿牺牲自己的生命，只向皇帝叩头，叩得出血了，皇帝才赦了他。不久，把他放了外任，就死在路上，那时他年已七十多了。他著有《新论》二十九篇，虽已亡佚，但就残存的一点看来，其中也攻击王莽信鬼神的迷惑，又说《河图》、《洛书》出于后人的加增依托，决不是孔子作的，足以证明他在当时确是一个头脑清醒的人。不过他终究是一个不识时务的人，他不懂得光武帝为什么要提倡谶纬的心理。

还有一位尹敏，读得好些经书，又通《洪范》消灾之术。光武帝命他校定图谶，删去崔发（王莽时的图谶专家，封说符侯的）替王莽加进去的许多说话。不料他也瞧不起谶书，说道："这种东西决不是圣人所作，而且其中很多俗字俗说，会得疑误后人的！"光武帝不听，还是叫他做这工作。他耍些手段，就缺文上写了一句"君无口，为汉辅"（请读者莫忘记了第十五章里李通的图谶上写的"刘氏复起，李氏为辅"），希望皇帝重用他。光武帝见了，识得他的笔迹，问他为什么要这样，他说："我目睹前人增损图书是这样的，所以我也不自量，希冀万一的侥幸！"帝虽不以为然，也不治他的罪。同时受诏校定图谶的，还有一位薛汉，他本以说灾异谶纬为专业，教授的弟子常有数百人。我们现在看见的谶纬，其中所以没有王莽受命的宣传文字，就因为早给他们删去了。

光武帝即位三十年，群臣请封禅泰山，报答天祐。他下诏，为自己无德不许。至建武三十二年（公元56年）正月，他行过泰山，夜读《河图会昌符》，读到"赤刘之九，会命岱宗。……诚善用之，奸伪不萌”，想起封禅之事也可行得，便命人把河、洛谶文凡有说到封禅的都搜集起来，得到三十六条。他便依照汉武帝元封时的故事举行。在未祭时，先派人上山刻石，文中举了《河图会昌符》的“赤帝九世，巡省得中。……帝刘之九，会命岱宗。……赤汉复兴，九世会昌。……天地扶九，崇经之常。汉大兴之道，在九世之王”，又举《河图合古篇》的“帝刘之秀，九名之世”，《河图提刘子》的“九世之帝，方明圣持”，《洛书甄曜度》的“赤三德，昌九世”，《孝经钩命决》的“帝三建，考九会”等等，证明他这次行事的有据。为什么老是说“九”呢？只为从汉高帝到光武帝是足足的九代。《河图》、《洛书》如果真是孔子作的，则他在端门受命时已不但知道了开国的刘季，而且知道了这中兴的刘秀了！他以二月二十二日辛卯晨，燎祭天于泰山下，如南郊礼；二十五日甲午，禅祭地于梁阴，以高后配，如北郊礼。这不消说，他沿袭了王莽的制度。秦皇、汉武的封禅本没有天地阴阳的区别，但从此以后，封泰山是祭天，禅泰山下的小山是祭地，等于国都中的南北郊，大家用了王莽的方式作定制了。四月，他大赦天下，把建武三十二年改为中元元年。就在这年的十一月里，他宣布图谶于天下。图谶本已迎合人们迷信的心理，现在又定为功令的必读书，当然钻入各个角落更深更普遍了。东汉的国祚约二百年，禁不起这长期的宣传，所以谶纬八十一篇便成了王莽符命四十二篇的“跨宠”之子！

明帝是一个很精明的人，他能继续父业，所以《河图括地象》里就有了“十代，礼乐文雅并出”的预言。他在永平三年（公元60年）下诏道：“《尚书璇玑钤》里说：‘有帝汉出，德洽作乐，名《予》。’着把郊庙之乐改名为《大予乐》，乐官也称为大予乐官，以应合图谶。”

《左传》这部书，十之八九是真材料，其十之一二是刘歆改作的或是增加的。刘歆帮王莽篡位，把新式的五德终始说插在书里，证明汉是尧后属火德（当时也必有证明王莽为舜后属土德的，现在不见，想来是新室灭亡后给人删掉了），作禅让的张本。后来光武中兴，他自承为火德，虽和王莽、刘歆不同志，但用的依然是他们定的历史系统。为要在经书里证明汉的国运，《左传》当然是一部很重要的书。光武帝所以有心把它立博士，就因为这个缘故。刘歆有两个门弟子：一个是郑兴，刘歆因他天资很好，叫他作《左传》的《条例》、《章句》、《训诂》；一个是贾徽，他自己作了《左氏条例》二十一篇。他们都算得刘歆的高足弟子。郑兴在光武帝时任太中大夫，也很喜欢讲《洪范》灾异；但不知为什么，他不愿随俗弄些谶纬之学。有一次，光武帝问他郊祀的事情，向他说："我想把谶书来决断这事，你看怎样？"郑兴老实得很，答道："我是不读谶的！"帝大怒道："你不读谶，是不是表示反对？"他惶恐了，兢兢地答道："我于书有所未学，哪里敢反对！"帝方才赦了他。终究因他不懂谶，不给他做大官。贾徽自身虽没有得意，但他的儿子贾逵是非常聪颖的，他学通"五经"，尤明《左传》和《国语》，作两书的《解诂》五十一篇，永平中献了上去。他不像郑兴的不达时务，便在奏疏中说："'五经'里都找不到可以证明图谶所言刘为尧后的材料，只有《左传》是有明文的。又"五经"里总说颛顼是承继黄帝的；如果这样，尧就不得为火德，连带汉也不得为火德了。现在《左传》里黄帝和颛顼之间有少皞一代，就是图谶里所说的帝宣。这样一排，尧就确然为火德了。"明帝很以他的话为然，把他所作的《解诂》藏在秘府。到章帝时，他又把这番话重说了一通。章帝也是喜欢《左传》的，几次选了许多高才生从他读《左传》，这部书的地位就确立了。我们今日能够知道些春秋时的事情，当然是《左传》的功劳；可是饮水思源，还是由于谶纬的介绍啊！

我们试翻开《后汉书》的列传来，或是看些东汉人的墓碑，大抵是有"博贯五经，兼明图谶"这一类话的。不想众醉之中也有独醒之士，东汉中叶，有个任太史令的张衡，他对于谶纬表示鲜明的反对。他上疏顺帝道：“谶书是从什么时候出来的，这个问题很少人知道。当汉取秦时，尽力打仗，竟得成功，这真可说是一件大事，但在那时是没有人引谶的。就是最喜欢讲术数像眭弘这辈人，也没有提起过谶书。刘向父子校书秘府，还没有把谶书编入他们的目录。直到成帝、哀帝之后，刚刚听得有这种东西，它们的著作时代也就可知了！我们试用谶来比经，甚至用谶来比谶，其中矛盾冲突的地方不知有多少。况且其中说到战国时的墨翟、汉的益州，图里画到成帝，哪里会是孔子做的！这一定是虚伪之徒想升官发财，才造出这种谣言。从前贾逵摘取了谶书中自相矛盾的三十余条去问善于讲谶的人，他们也都说不出一个所以然来。王莽篡位是汉代的大祸，要是这八十一篇早已有了，为什么不预先警戒呢？现在河、洛和《六艺》诸谶纬都已校定，成为经典，然而有人拿来推说水灾，有人弃家入山林求道，都得不到一点效果，这还有什么可信的！画工何以怕画狗马而乐于画鬼魅，就为实物难写而虚伪是可以随心的。我请求，把图谶一起禁绝了！”顺帝虽因图谶是国典，不便背弃祖宗的成法，没有听他的话，但也觉得这种议论很不错，常常引他到帷幄中询问一切。不过一个人总是容易受时代的蒙蔽的，王莽留下的谶纬，张衡虽能打破，王莽留下的历史系统，张衡依然上了他的当了。司马迁作《五帝本纪》，黄帝之后就是颛顼，这原是战国以来通用的方式。张衡却因其中缺掉少皞，奏请改定。这请求也没有照准，想来为了“五帝”这个名词所限，不便改成六帝的缘故。

图谶这类东西，会随时增加改变，为皇帝欲发达的人造作自拉自唱的证据，使得统治阶级极感不便，所以张衡的禁绝的主张在当时虽未成事实，而在南北朝时就实行过好几次。到隋炀帝即位，索性作彻底的摧残，他派使者四面去搜求谶纬，以及其他和谶纬有关系的书籍，一齐烧了；私人有敢隐匿的，查出处死刑：这才禁成功了。现在除了《易纬》八种还完全之外，其余的种种只留一鳞半爪在别的书里；经明、清人的苦心辑录，才看得一个粗略的轮廓。

第二十二章　曹丕的受禅

上面讲了许多五行的故事、谶纬的故事和现代意识太隔绝，诸君谅来听得厌了。现在再讲一个谶纬的喜剧，算作“大团圆”罢！

东汉中叶之后，宦官弄权，害死了不少好人。董卓杀了宦官，立献帝，迁都长安。曹操起兵，抓住献帝，又把都城迁到许；他自为大将军，玩弄皇帝于掌握之中。他执政二十四年，初自立为魏公，加九锡；又自进为魏王，设天子旌旗，出入传呼警跸。这样一步步地走上去，宛然王莽再生。但他到死没有篡位，这不知道是他不愿意做皇帝呢，还是他的寿命已不容他实现最后的计划呢？总之，禅让的格局是布置好了。

相传当他封魏公的时候，远道的人没有听准，传说他封的是魏王。有一个谶纬专家李合说：“这一定是‘魏公’，因为孔子传下的《春秋玉版谶》上早已写着‘代赤者魏公子’

了！”还有一个李云也上封事，说道：“谶书里说的‘许昌气见于当涂高’，这话怎讲？当着道路而高大的，莫过于宫门外的两个观阙（台上有楼观，故曰观；其间无门，故曰阙。北京的午门，左右突出的两壁，上面盖着方亭的，就是阙的遗制；至于左右相通的回廊和正面三个门洞、上面九间门楼，是后世为了壮观而添出来的），观阙之名为‘象魏’，这不就是魏吗？所以‘代汉者当涂高’就是魏当代汉的预示。魏的基业昌于许，所以说是‘许昌’。”这句话说得活灵活现。但是光武帝引的“汉家九百二十岁，以蒙孙亡；受以丞相，其名当涂高”，下半节是猜准了，还有上半节呢？从光武帝到那时还不到二百年咧；就是从高帝受命算起也不过刚过四百年咧！

曹丕是魏王的太子，他于建安二十五年（公元220年）二月嗣位。他一即位，就把献帝的年号建安改为延康。三月，黄龙现。四月，白雉现。八月，凤凰集。我们看了王莽时的种种花样，以及谶纬书中的种种帝王受命的记载，就知道这好戏已在打锣。果然，到十月里，献帝下诏道：“我生不幸，遭着国家的荡覆；虽是危而复存，但抬头看天文，低头看民心，就知道炎帝的历数业已告终，五德之运到了曹家了。从前的魏王（曹操）既立了许多神武的功绩，现在的魏王（曹丕）又是明德光耀，应着这个期会，天之历数所在再明白没有了。古人说得好：‘大道之行，天下为公，选贤与能。’唐尧不私于他的儿子，留下了万世的美名。我对他是非常羡慕的，现在就禅位于魏王罢！”

那时魏国的许多官员也都上表称引图纬，说明魏王做皇帝的无异议。其中尤以太史令许芝说得最详细，最真切。他说：“《易传》（就是《易纬》）里讲：‘圣人受命而王，黄龙以戊己日见’。现在黄龙正以戊寅日现，这是最显著的受命之符。况且《春秋汉含孳》说‘汉以魏，魏以征’，《春秋佐助期》说‘汉以许昌失天下’，说魏说许，还有什么可疑惑的。又《孝经中黄谶》说：‘日载东（曹），绝火光；不横一（丕），圣聪明。四百之外，易姓而王天下’，把您的名和姓以及受禅的年代都写出来了。《易运期谶》说：‘言居东，西有午，两日并光日居下。其为主，反为辅。五八四十，黄气受，真人出。’言午是‘许’字，两日是‘昌’字，这是说汉当以许亡，魏当以许昌。《运期谶》又说：‘鬼在山，禾女连（魏），王天下’，也是魏应得天下的证据。按帝王是五行之精，应当七百二十年一交替，但有德者可以超过这个数目，无德者就到不了这个数目。从汉高帝到现在固然不过四百二十六年，但汉的受命，图谶上早已说明，乃在春秋末的‘西狩获麟’，从获麟到现在早已超过了七百年了，到了应当交替的时候了！我们看天上太微宫里，黄帝坐常明亮，赤帝坐常不见，可见赤家当衰而黄家当兴，在天象里也有证据。又荧惑星是赤帝之佐，失色不明也有十余年了。建安十年，彗星先除紫微；二十三年，又扫太微。新天子气见于东南。您初即位，就有黄龙、凤凰、麒麟、白虎等许多祥瑞。从前黄帝受命风后，受《河图》。舜、禹得天下时，凤凰翔，洛出书。汤为王，有白鸟之符。周文王为西伯，赤乌衔丹书来。汉高帝刚起，就有白蛇的征应。这些异物都是为了圣人而出现的。我们看汉家前后的大灾，魏国现在的符瑞，再察图谶中的期运，可说从古以来得天下者没有像魏这样又完美又正当的。从前周公归政成王，孔子很反对他，以为他不是圣人，所以不替亿兆的人民设想。伏愿您体会尧、舜的聪明，承受这七百年的禅代罢！”

献帝再三下诏禅位，群臣又数十次上表劝进，曹丕一味地谦让。在这一个月中，从初一直闹得月底，往还的文书着实可观。仅看那些文书，差不多比了唐、虞之世还要美丽了。其中以博士苏林、董巴所上的表有些新意思。他们说：“周天分为十二次，叫作分野，王公之国在分野中各有所属。周的分野是鹑火之次，魏的分野是大梁之次。岁星每年历一次，十二年而一周天；天子的受命，诸侯的封国，都按照着这个次序。所以周文王始受命，岁星在鹑火；到武王伐纣，是文王受命后的十三年，岁星又到了鹑火了。灵帝中平元年（公元184年），武王（曹操）讨黄巾，是为始受命，那年岁星在大梁。建安元年（公元196年），又在大梁，始拜大将军。十三年（公元208年），又在大梁，始拜丞相。今年（公元220年）岁星又到了大梁了，您应该受命王天下了！况且今年是庚子，《诗纬推度灾》说，'庚者，更也。子者，滋也。圣命天下治'，又说，'王者布德于子，治成于丑'，这是明说今年应当换个新圣人治天下了。又魏的氏族出于颛顼，和舜同祖。舜用土德继承尧的火德，现在魏也是用了土德继承汉的火德，极合于帝王授受的次序。天命这样地丁宁周至，就是人们说白话也不能比它再清楚。倘使您一味地固执谦让，那真是上逆天命，下违民望了！"

献帝在第三次禅位诏里，对于曹丕作苦苦的祈求，他道："汉家世逾二十，年过四百，运已周遍了，数已终讫了，天心移了，民望绝了。现在天命有所归，神人又同应。违天不顺，逆众不祥，魏王呵，你还是模仿了有虞氏的盛德，接受了这历数的期会罢！从前尧禅舜时不听得舜逆尧命，舜禅禹时又不听得禹辞舜位。你还是敬奉天心，不要再违背我的命令，登了皇帝之位罢！"但曹丕又说："听得了这个诏命，直使我吓得发抖！”

最后，魏的相国华歆等上一个最恳切的奏书，说道：“我们听得您屡次地让，真是悲伤极了。《易》云：‘圣人奉天时。’《论语》云：‘君子畏天命’。尧知道天命去已，所以不得不禅舜。舜知道历数在身，所以不得不受禅。尧的不得不禅，这是他‘奉天时’。舜的不得不受，这是他‘畏天命’。汉家虽已这样衰败，还知道学尧的办法；但是您却只管拘牵小节，不知道去学舜。倘使死者有灵，那么，虞舜一定在苍梧的坟墓里顿足大骂了，不但是他，就是夏禹和周武王也必在他们的冢中郁郁不乐了！现在我们决定，不管您的意思怎样，立刻经营坛场，拟具礼仪，选择吉日，请您去昭告昊天上帝，承受这个必应受的天命！”于是曹丕说：“从前大舜在田野中吃粗糙的粮食，仿佛有终其身的样子：这是我的宿志。他受了尧禅，穿上了贵重的衣裘，像是向来过惯的：这是他的顺天命。既经天命不可拒，民望不可达，我也没法辞谢了，就学了他罢！”明天，他升坛受皇帝的玺绶；公卿、列侯、诸将、匈奴单于、四方夷人们陪位的有数万人。事毕，燎祭天地、五岳、四渎；改元黄初，表示是土德行运之初。他回去时，轻轻地说道：“舜和禹的事情，我现在是知道了！”

秦始皇和汉高帝的受命是武的；光武帝的受命是文武兼资

的；王莽和曹丕的受命是纯粹文的。不过把曹丕比了王莽，还有一些不同。王莽时的花样件件是“当场出彩”，几百种的祥瑞和图书都在他的世里陆续出现，证明了他的天命。偶然也有几件旧的点缀一下，像春秋时的“沙麓崩”说是圣女兴的符瑞，文帝时的黄龙出现说是土德代汉的预兆，但这不过给予一种新解释而已。曹丕就不是这样了。他的天命固然一方面也有活货，像黄龙和凤凰之类；但大部分是出在千余年来文王、孔子传下的图谶上，而且说得这样明白，把他的名呵、姓呵、地呵、年呵，一切都预先记好了。然则孔子何尝专为赤汉制法，他把“黄魏”也一起包罗了。假使张衡还活着，他一定要说：曹丕结果汉家天下，在八十一篇谶纬里明白如此，为什么不预先警戒呢！又王莽的天下是汉高帝在冥冥之中传与他的，曹丕的天下是献帝明白禅让的。王莽为他自己是土德，所以把汉改排了火德；曹丕因为汉是火德，所以他就自居于土德。他们的德运虽同，而一个主动，一个被动，也有些差异。

魏文帝（曹丕）短寿，没有等到改正朔，易服色，就死去了。到他的儿子魏明帝景初元年（公元237年），山茌县黄龙见，官员们奏魏得白统，应以建丑之月为正，才依照了三统说改定历法；又服色尚黄，牺牲用白，都和王莽的制度一样。

我们读了以上许多受命（皇帝的宗教）的故事，该得明白，所谓五德和三统，所有图谶和纬候，莫不是应时出现的东西；它们自己虽处处说是老古董，其实尽是些时髦的货色，好比一笼馒头，现蒸热卖的。现在我把它们的真相揭开，诸君或者要以为这种东西无聊得很，不值得大谈特谈。须知许多真的老古董（历史）都给这种各时代的时髦货色淆乱了，我们无论看到哪部古书，或者提到哪件古史，几乎没有不蒙上这一层色彩，甚至在内部起了化合作用的。我们要捉得这汉代的学术的中心，明白看出他们的思想和理论的背景，然后对于这些修饰过和假造过的材料可以做剥洗和分析的工作；做了这步工作之后要去真实地认识古代社会，就不会给这些材料牵绊了。倘使你不屑瞧瞧这种无聊东西，我敢决然说：你永远跳不出他们设下的天罗地网！

国家新闻出版广电总局
首届向全国推荐中华优秀传统文化普及图书

大家小书书目

国学救亡讲演录	章太炎 著 蒙 木 编
门外文谈	鲁 迅 著
经典常谈	朱自清 著
语言与文化	罗常培 著
习坎庸言校正	罗 庸 著 杜志勇 校注
鸭池十讲（增订本）	罗 庸 著 杜志勇 编订
古代汉语常识	王 力 著
国学概论新编	谭正璧 编著
文言尺牍入门	谭正璧 著
日用交谊尺牍	谭正璧 著
敦煌学概论	姜亮夫 著
训诂简论	陆宗达 著
金石丛话	施蛰存 著
常识	周有光 著 叶 芳 编
文言津逮	张中行 著
经学常谈	屈守元 著
国学讲演录	程应镠 著
英语学习	李赋宁 著
中国字典史略	刘叶秋 著
语文修养	刘叶秋 著
笔祸史谈丛	黄 裳 著
古典目录学浅说	来新夏 著
闲谈写对联	白化文 著
汉字知识	郭锡良 著
怎样使用标点符号（增订本）	苏培成 著
汉字构型学讲座	王 宁 著

诗境浅说	俞陛云　著
唐五代词境浅说	俞陛云　著
北宋词境浅说	俞陛云　著
南宋词境浅说	俞陛云　著
人间词话新注	王国维　著　滕咸惠　校注
苏辛词说	顾　随　著　陈　均　校
诗论	朱光潜　著
唐五代两宋词史稿	郑振铎　著
唐诗杂论	闻一多　著
诗词格律概要	王　力　著
唐宋词欣赏	夏承焘　著
槐屋古诗说	俞平伯　著
词学十讲	龙榆生　著
词曲概论	龙榆生　著
唐宋词格律	龙榆生　著
楚辞讲录	姜亮夫　著
读词偶记	詹安泰　著
中国古典诗歌讲稿	浦江清　著 浦汉明　彭书麟　整理
唐人绝句启蒙	李霁野　著
唐宋词启蒙	李霁野　著
唐诗研究	胡云翼　著
风诗心赏	萧涤非　著　萧光乾　萧海川　编
人民诗人杜甫	萧涤非　著　萧光乾　萧海川　编
唐宋词概说	吴世昌　著
宋词赏析	沈祖棻　著
唐人七绝诗浅释	沈祖棻　著
道教徒的诗人李白及其痛苦	李长之　著
英美现代诗谈	王佐良　著　董伯韬　编
闲坐说诗经	金性尧　著
陶渊明批评	萧望卿　著

古典诗文述略	吴小如　著
诗的魅力 ——郑敏谈外国诗歌	郑　敏　著
新诗与传统	郑　敏　著
一诗一世界	邵燕祥　著
舒芜说诗	舒　芜　著
名篇词例选说	叶嘉莹　著
汉魏六朝诗简说	王运熙　著　董伯韬　编
唐诗纵横谈	周勋初　著
楚辞讲座	汤炳正　著 汤序波　汤文瑞　整理
好诗不厌百回读	袁行霈　著
山水有清音 ——古代山水田园诗鉴要	葛晓音　著
红楼梦考证	胡　适　著
《水浒传》考证	胡　适　著
《水浒传》与中国社会	萨孟武　著
《西游记》与中国古代政治	萨孟武　著
《红楼梦》与中国旧家庭	萨孟武　著
《金瓶梅》人物	孟　超　著　张光宇　绘
水泊梁山英雄谱	孟　超　著　张光宇　绘
水浒五论	聂绀弩　著
《三国演义》试论	董每戡　著
《红楼梦》的艺术生命	吴组缃　著　刘勇强　编
《红楼梦》探源	吴世昌　著
《西游记》漫话	林　庚　著
史诗《红楼梦》	何其芳　著 王叔晖　图　蒙　木　编
细说红楼	周绍良　著
红楼小讲	周汝昌　著　周伦玲　整理

曹雪芹的故事	周汝昌　著　周伦玲　整理
古典小说漫稿	吴小如　著
三生石上旧精魂——中国古代小说与宗教	白化文　著
《金瓶梅》十二讲	宁宗一　著
中国古典小说十五讲	宁宗一　著
古体小说论要	程毅中　著
近体小说论要	程毅中　著
《聊斋志异》面面观	马振方　著
《儒林外史》简说	何满子　著
我的杂学	周作人　著　张丽华　编
写作常谈	叶圣陶　著
中国骈文概论	瞿兑之　著
谈修养	朱光潜　著
给青年的十二封信	朱光潜　著
论雅俗共赏	朱自清　著
文学概论讲义	老　舍　著
中国文学史导论	罗　庸　著　杜志勇　辑校
给少男少女	李霁野　著
古典文学略述	王季思　著　王兆凯　编
古典戏曲略说	王季思　著　王兆凯　编
鲁迅批判	李长之　著
唐代进士行卷与文学	程千帆　著
说八股	启　功　张中行　金克木　著
译余偶拾	杨宪益　著
文学漫识	杨宪益　著
三国谈心录	金性尧　著
夜阑话韩柳	金性尧　著
漫谈西方文学	李赋宁　著
历代笔记概述	刘叶秋　著

周作人概观	舒　芜　著
古代文学入门	王运熙　著　董伯韬　编
有琴一张	资中筠　著
中国文化与世界文化	乐黛云　著
新文学小讲	严家炎　著
回归，还是出发	高尔泰　著
文学的阅读	洪子诚　著
中国文学1949—1989	洪子诚　著
鲁迅作品细读	钱理群　著
中国戏曲	么书仪　著
元曲十题	么书仪　著
唐宋八大家——古代散文的典范	葛晓音　选译

辛亥革命亲历记	吴玉章　著
中国历史讲话	熊十力　著
中国史学入门	顾颉刚　著　何启君　整理
秦汉的方士与儒生	顾颉刚　著
三国史话	吕思勉　著
史学要论	李大钊　著
中国近代史	蒋廷黻　著
民族与古代中国史	傅斯年　著
五谷史话	万国鼎　著　徐定懿　编
民族文话	郑振铎　著
史料与史学	翦伯赞　著
秦汉史九讲	翦伯赞　著
唐代社会概略	黄现璠　著
清史简述	郑天挺　著
两汉社会生活概述	谢国桢　著
中国文化与中国的兵	雷海宗　著
元史讲座	韩儒林　著

魏晋南北朝史稿	贺昌群　著
汉唐精神	贺昌群　著
海上丝路与文化交流	常任侠　著
中国史纲	张荫麟　著
两宋史纲	张荫麟　著
北宋政治改革家王安石	邓广铭　著
从紫禁城到故宫 ——营建、艺术、史事	单士元　著
春秋史	童书业　著
明史简述	吴　晗　著
朱元璋传	吴　晗　著
明朝开国史	吴　晗　著
旧史新谈	吴　晗　著　习　之　编
史学遗产六讲	白寿彝　著
先秦思想讲话	杨向奎　著
司马迁之人格与风格	李长之　著
历史人物	郭沫若　著
屈原研究（增订本）	郭沫若　著
考古寻根记	苏秉琦　著
舆地勾稽六十年	谭其骧　著
魏晋南北朝隋唐史	唐长孺　著
秦汉史略	何兹全　著
魏晋南北朝史略	何兹全　著
司马迁	季镇淮　著
唐王朝的崛起与兴盛	汪　篯　著
南北朝史话	程应镠　著
二千年间	胡　绳　著
论三国人物	方诗铭　著
辽代史话	陈　述　著
考古发现与中西文化交流	宿　白　著
清史三百年	戴　逸　著

清史寻踪	戴　逸　著
走出中国近代史	章开沅　著
中国古代政治文明讲略	张传玺　著
艺术、神话与祭祀	张光直　著
	刘　静　乌鲁木加甫　译
中国古代衣食住行	许嘉璐　著
辽夏金元小史	邱树森　著
中国古代史学十讲	瞿林东　著
历代官制概述	瞿宣颖　著
宾虹论画	黄宾虹　著
中国绘画史	陈师曾　著
和青年朋友谈书法	沈尹默　著
中国画法研究	吕凤子　著
桥梁史话	茅以升　著
中国戏剧史讲座	周贻白　著
中国戏剧简史	董每戡　著
西洋戏剧简史	董每戡　著
俞平伯说昆曲	俞平伯　著　陈　均　编
新建筑与流派	童　寯　著
论园	童　寯　著
拙匠随笔	梁思成　著　林　洙　编
中国建筑艺术	梁思成　著　林　洙　编
沈从文讲文物	沈从文　著　王　风　编
中国画的艺术	徐悲鸿　著　马小起　编
中国绘画史纲	傅抱石　著
龙坡谈艺	台静农　著
中国舞蹈史话	常任侠　著
中国美术史谈	常任侠　著
说书与戏曲	金受申　著
世界美术名作二十讲	傅　雷　著

中国画论体系及其批评	李长之　著
金石书画漫谈	启　功　著　赵仁珪　编
吞山怀谷 ——中国山水园林艺术	汪菊渊　著
故宫探微	朱家溍　著
中国古代音乐与舞蹈	阴法鲁　著　刘玉才　编
梓翁说园	陈从周　著
旧戏新谈	黄　裳　著
民间年画十讲	王树村　著　姜彦文　编
民间美术与民俗	王树村　著　姜彦文　编
长城史话	罗哲文　著
天工人巧 ——中国古园林六讲	罗哲文　著
现代建筑奠基人	罗小未　著
世界桥梁趣谈	唐寰澄　著
如何欣赏一座桥	唐寰澄　著
桥梁的故事	唐寰澄　著
园林的意境	周维权　著
万方安和 ——皇家园林的故事	周维权　著
乡土漫谈	陈志华　著
现代建筑的故事	吴焕加　著
中国古代建筑概说	傅熹年　著
简易哲学纲要	蔡元培　著
大学教育	蔡元培　著 北大元培学院　编
老子、孔子、墨子及其学派	梁启超　著
春秋战国思想史话	嵇文甫　著
晚明思想史论	嵇文甫　著
新人生论	冯友兰　著

中国哲学与未来世界哲学	冯友兰　著
谈美	朱光潜　著
谈美书简	朱光潜　著
中国古代心理学思想	潘　菽　著
新人生观	罗家伦　著
佛教基本知识	周叔迦　著
儒学述要	罗　庸　著　杜志勇　辑校
老子其人其书及其学派	詹剑峰　著
周易简要	李镜池　著　李铭建　编
希腊漫话	罗念生　著
佛教常识答问	赵朴初　著
维也纳学派哲学	洪　谦　著
大一统与儒家思想	杨向奎　著
孔子的故事	李长之　著
西洋哲学史	李长之　著
哲学讲话	艾思奇　著
中国文化六讲	何兹全　著
墨子与墨家	任继愈　著
中华慧命续千年	萧萐父　著
儒学十讲	汤一介　著
汉化佛教与佛寺	白化文　著
传统文化六讲	金开诚　著　金舒年　徐令缘　编
美是自由的象征	高尔泰　著
艺术的觉醒	高尔泰　著
中华文化片论	冯天瑜　著
儒者的智慧	郭齐勇　著
中国政治思想史	吕思勉　著
市政制度	张慰慈　著
政治学大纲	张慰慈　著
民俗与迷信	江绍原　著　陈泳超　整理

政治的学问	钱端升　著　钱元强　编
从古典经济学派到马克思	陈岱孙　著
乡土中国	费孝通　著
社会调查自白	费孝通　著
怎样做好律师	张思之　著　孙国栋　编
中西之交	陈乐民　著
律师与法治	江　平　著　孙国栋　编
中华法文化史镜鉴	张晋藩　著
新闻艺术（增订本）	徐铸成　著
经济学常识	吴敬琏　著　马国川　编

中国化学史稿	张子高　编著
中国机械工程发明史	刘仙洲　著
天道与人文	竺可桢　著　施爱东　编
中国医学史略	范行准　著
优选法与统筹法平话	华罗庚　著
数学知识竞赛五讲	华罗庚　著
中国历史上的科学发明（插图本）	钱伟长　著

出版说明

“大家小书”多是一代大家的经典著作，在还属于手抄的著述年代里，每个字都是经过作者精琢细磨之后所拣选的。为尊重作者写作习惯和遣词风格、尊重语言文字自身发展流变的规律，为读者提供一个可靠的版本，“大家小书”对于已经经典化的作品不进行现代汉语的规范化处理。

提请读者特别注意。

北京出版社